할아버지! 나무가 아프대요

국내 최초 나무 의사
강전유

우리인물이야기 29

국내 최초 나무 의사 강전유
할아버지! 나무가 아프대요

2013년 6월 24일 처음 펴냄
2018년 6월 11일 4쇄 펴냄

지은이 • 정승희
그린이 • 최현묵
펴낸이 • 신명철
펴낸곳 • (주)우리교육
등록 • 제313-2001-52호
주소 • 03993 서울특별시 마포구 월드컵북로 6길 46
전화 • 02-3142-6770
팩스 • 02-3142-6772
홈페이지 • www.uriedu.co.kr
제조국명 • 대한민국
사용연령 • 12세 이상
주의사항 • 종이에 베이거나 긁히지 않도록 조심하세요.
책모서리가 날카로우니 던지거나 떨어뜨리지 마세요.

· 잘못된 책은 구입하신 서점에서 바꾸어 드립니다.
· 이 책 내용을 쓰려면 반드시 저작권자와 (주)우리교육에 서면 허락을 받아야 합니다.
· 책값은 뒤표지에 있습니다.

ⓒ 정승희, 최현묵 2013
ISBN 978-89-8040-751-4
ISBN 978-89-8040-720-0(세트)

이 도서의 국립중앙도서관 출판시도서목록(CIP)은
서지정보유통지원시스템 홈페이지(http://seoji.nl.go.kr)에서 이용하실 수 있습니다.
(CIP제어번호: CIP2013009454)

할아버지! 나무가 아프대요

국내 최초 나무 의사
강전유

정승희 지음 | 최현묵 그림

우리교육

이 책을 읽는 어린이에게

몇 해 전에 《식물의 잃어버린 언어》라는 책을 읽고 깜짝 놀란 적이 있었어요. 식물도 생각하고, 움직이고, 서로 의사소통을 한다는 내용이었어요.

'아니, 어떻게 식물이 생각하고 말하고 움직일 수 있다는 거지?'

하지만 곰곰이 생각해 보니 그 말이 맞는 것 같았지요. 우리 집 베란다에는 오래된 화초들이 있어요. 처음에는 손바닥만 한 녀석들이었는데, 이제는 우리 집 딸보다 제법 키 큰 나무가 된 것도 있답니다.

그런데 이 녀석들, 그동안 자란 모습이 아주 특이해요. 위로 쭉 곧게 자란 게 아니라 구불구불 휘어져서 자기가 원하는 대로 자랐거든요. 사실 얼마나 말이 하고 싶었겠어요.

"나, 힘들어." "좋아." "피곤해." 그래서 이런 모양으로 자랐구나, 이렇게 움직였구나 하는 생각을 했죠.

나무는 사람보다 훨씬 더 오래 사는 종류가 많아요. 사람은 죽지만 나무는 살아서 자기들끼리 말하고 움직이는 거죠. 몇 백 년 동안 아주 천천히 움직이는 그런 나무의 모습을 사람들은 볼 수 없는 거예요. 사람들이 자연과 멀어져 있는 동안 자연과 대화하는 방법을 잊어버리기도 했고요. 나무들은 온갖 종류의 화합물을 내뿜으며 의사소통을 한대요. 그게 나무들이 말하는 방법이래요.

그런데 나무 의사 할아버지가 계시다는 말을 듣게 되었어요. 나무들도 아프면 아프다 말한다고, 아프고 병든 나무를 살려야 한다고 생각하는 할아버지래요. 저는 빨리 그 할아버지를 만나고 싶었지요.

'나무종합병원'이라는 곳이 할아버지 일터였어요. 할아버지는 바로 '나무 의사'였죠. 의사 선생님이 청진기를 대면서 환자에게 "어디 아프세요." 하고 물어보듯이, 이 할아버지는 나무에게 물어보는 거예요.

나무야, 어디가 아픈 게냐…….

할아버지는 나무가 말하는 것을 알아듣고 치료해 주시는 할아버지였어요. 나무도 아프면 어떤 식으로든 말을 하니까요. 나무 병원에 가 보면 사무실 곳곳에 '수행 방법'을 써 놓은 문구를 볼 수 있어요. 몇 가지만 알려 줄게요.

'자기다운 삶을 살라. 누구처럼 살려고 애쓰지 마라.'
'적게 말하고 많이 들어라. 침묵하라.'
'부족하게 불편하게 산다. 아끼고 절약한다.'
'자연의 변화를 살핀다. 꽃이 피고 지는 것을 유심히 지켜본다.'

어때요? 뭔가 느껴지는 게 있죠?
나무가 제각각 자기 모양대로, 자기 나름대로 잘 살듯이 사람도 그렇게 살면 되는 거예요.
밤나무가 버드나무를 부러워해서 버드나무처럼 되려고 애쓰나요?
버드나무가 소나무를 부러워해서 소나무처럼 되려고 애쓰나요?

소나무가 밤나무에게 자기와 다르게 생겼다고 흉보며 손가락질하나요?

　　밤나무는 밤나무대로, 버드나무는 버드나무대로 잘 사는 것이 나무의 삶이죠. 서로 존중하고 서로 도우며 행복하게 말이에요. 우리 친구들도 그런 나무와 자연의 모습을 배웠으면 좋겠어요. 내가 다른 친구들보다 못하는 게 있으면 잘하는 게 있고, 잘하는 게 있으면 또 못하는 것도 있는 거잖아요. 그러니까 나무처럼 서로서로 기대며 살아야죠.

　　우리나라 최초의 나무 의사, 강전유 할아버지는 자연을 닮아 나무처럼 꿋꿋하게 살아오신 분이에요. 할아버지의 인생 이야기를 잘 보면 배울 점이 참 많답니다.

　　　　　　　　　　　　　　　　　　　　- 지은이 정승희

차례

이 책을 읽는 어린이에게 ● 4

세조 임금이 벼슬 내린, 정이품 소나무를 살리다 ● 10

너희들은 참 예쁘구나 ● 20

포기할 수 없어 ● 26

거지인 줄 알았어 ● 31

박목월 선생님과 연애편지 일곱 장 ● 39

결혼 자금으로 산 땅 ● 49

좋은 똥 주세요 ● 57

돈이 없었던 청년 농사꾼 ● 64

나무를 살려야 할 사람이 필요해 ● 73

귀댁의 나무는 안녕하십니까? ● 82

배짱 좋은 환자들 ● 95

나무를 치료할 수만 있다면 무슨 일이라도 ● 105

돌팔이 나무 의사들 때문에 • 116

오히려 나무한테서 배우는 게 많아 • 124

그게 나무의 인생이야. • 130

생명들이 오고 가는 나무 이야기 • 135

 ## 세조 임금이 벼슬 내린, 정이품 소나무를 살리다

 조선 시대 세조 임금은 피부병 때문에 애를 먹었답니다. 그래서 피부병을 고치기 위해 이름난 산을 두루 찾아다녔지요. 어느 날 속리산에 있는 법주사에 가던 길이었어요. 임금님의 행차가 길가 소나무 옆을 막 지나려 할 때였습니다. 임금님이 탄 가마가 소나무 가지에 걸릴 것 같았어요. 그러자 신하가 소리쳤습니다.

 "연(임금님이 타고 다니던 가마)이 걸린다!"

그러자 신기하게도 소나무가 스스로 가지를 쳐들어 가마가 무사히 지나가게 해 주었다고 합니다. 참, 신기한 일이지요. 더군다나 궁궐로 돌아가는 길에는 갑자기 비가 쏟아져 임금님 행차가 이 소나무 밑에서 비를 피할 수 있었다는군요.

임금님은 이런 기적을 행한 소나무를 기특하고 신기하게 생각했습니다. 감사의 마음으로 이 소나무에게 지금의 장관급 정도 되는 '정이품(正二品)'이라는 벼슬을 내렸다고 합니다.

충청북도 보은군 속리산 입구에 서 있는 '정이품송'에 전해지는 이야기입니다. 이 소나무는 높이가 15미터나 되고 어린이 네 명이 팔로 안을 수 있을 정도의 둘레(4.7미터)라고 합니다. 가지의 길이는 큰 줄기에서 동쪽으로 10.3미터, 서쪽으로 9.6미터, 북쪽으로 10미터 정도라고 하니 어마어마한 소나무이지요. 이 소나무는 우산을 편 모양을 하고 있습니다. 사방으로 고루 퍼진 곁가지가 알맞게 아래로 드리우고 있지요. 무척 아름다운 모습으로 오랫동안 사람들의 사랑을 받아 왔습니다.

'정이품송'은 천연기념물 제103호로 지정되어 있는 소나무이기도 해요. 소나무의 평균 수명은 이백 년에서 길어야 삼백 년입니다. 그런데 정이품송의 나이가 육백 살 정도 되었으니 천연기념물이 될 만하지요.

하지만 나이가 육백 살이 넘다 보니 여기저기 아픈 곳이 많았어요. 병이 들어 병색이 깊었지요. 사람이라면 병원에 가서 의사 선생님을 만나 아픈 증상을 말하고 약을 먹거나 치료를 하면 될 테지만 나무는 어디 그렇게 할 수가 있나요? 몇 백 년을 그 자리에서 꼼짝하지 못하고 서 있을 뿐인걸요.

게다가 나무를 치료해 주는 의사마저 없었더라면, 아마 지금까지 살아남지 못했을 거예요. 다행히 이 소나무를 치료해서 살려 주고 보살펴 준 의사가 있었어요. 그분이 바로 우리나라 최초의 나무 의사, 강전유 선생님이랍니다.

나무를 치료해 주는 의사도 있나? 놀라는 친구들도 있을 거예요. 하지만 나무도 숨을 쉬고 자라고 늙고 병들고, 결국에는 죽게 되는 생명체잖아요. 그러니 나무도 아프면 치료를 받아야 하지 않겠어요?

1980년 속리산 일대에 솔잎혹파리라는 벌레가 극성을 부릴 때였어요. 육백 살이 넘는 정이품 소나무도 그만 잎이 누렇게 변하고 몸 전체가 벌겋게 타들어 가고 말았습니다. 다시 살아날 가망이 없다는 진단을 받은 상태였어요. 사람으로 치면 말기 암 선고를 받은 셈이지요. 소나무는 병색이 나날이 깊어 갔지요.

그때 강전유 선생님께서 운영하던 나무종합병원에서 치료를 하기 시작했습니다. 가장 먼저 한 일은 18미터에 이르는 철골조를 설치한 다음 방충망을 씌우는 일이었어요. 솔잎혹파리가 소나무에 접근할 수 없도록 하는 방법이었지요. 3년 동안 내내 방충망을 씌웠다 벗겼다를 되풀이했습니다.

하지만 '정이품송'은 이미 뿌리의 기능도 약해져 있었고 솔잎혹파리 때문에 잎사귀의 수도 줄어들면서 스스로 살아날 힘이 거의 남아 있지 않았습니다. 선생님은 먼저 나무의 힘을 회복시키는 것이 중요하다고 생각하셨어요.

수술을 하기 전에 영양제를 투입해 환자가 기운을 차리고 회복할 수 있도록 했습니다. 그리고 상처 난 곳을 치료하고, 뿌리 수술, 살균, 방수 처리를 했지요. 또 병균과 벌레로부터 다시 해를 입지 않도록 예방하는 다양한 치료를 했어요.

썩은 부분을 잘라 내는 외과 수술도 들어갔지요. 수술을 하고 나서 강전유 선생님이 세계 최초로 개발한 인공 나무 껍질로 흉터가 남지 않도록 예쁘게 성형도 해 주었습니다. 자그마치 3년에 걸친 대수술이었지요. 소나무에게 준 영양제만 해도 1천cc짜리 병 170개가 넘었고, 의료비는 2억 원

에 이르렀습니다.

그 덕분인지 죽음을 앞둔 정이품 소나무는 다행히 다시 살아나기 시작하였습니다. 대한민국 최고의 명의를 만난 덕이었지요. 치료를 시작할 때 선생님은 이렇게 생각하였다고 합니다.

'치료하다가 정이품 소나무가 죽기라도 한다면 난 역적이 되는 거야.'

이런 각오로 온갖 정성을 기울였기 때문에 소나무가 살아날 수 있었던 거지요. 구사일생으로 다시 살아난 이 나무는 나중에 2004년까지 16년 동안 치료를 더 받았습니다. 선생님이 오랫동안 치료하다 보니 정이품 소나무의 주치의라는 말까지 들으셨지요. 그만큼 더 마음이 가는 나무입니다.

사람도 나이가 들면 저항력이 떨어져 병에 잘 걸리잖아요. 정이품 소나무의 나이도 육백 살이나 되었으니 병에 걸리지 않도록 특별한 노력이 필요했던 거예요.

그런데 1993년 폭풍으로 큰 가지 하나가 부러지는 안타까운 일이 생겼습니다. 가지가 서로 마주보며 짝을 이루고 있는 소나무의 아름다운 모습이 망가져 버리고 말았지요. 이후에도 많은 치료를 받아 생기를 찾게 되었지만 워낙 나이가 많아 회복이 더뎠습니다.

　게다가 2004년 3월에는 큰눈이 와서 정이품 소나무의 가지가 두 개 더 부러지는 사고가 났지요. 이 소식을 듣고 선생님께서는 나무 병원 직원들과 부랴부랴 눈길을 뚫고 열네 시간 동안 달려갔다고 합니다. 선생님은 밤 열한 시가 되어서야 간신히 도착하게 되었지요. 선생님은 사다리를 타고 정이품 소나무에 올라가 가지에 쌓인 눈을 털었습니다. 새벽 두 시까지 이어지는 힘든 일이었지요.

　정이품 소나무의 다른 가지들은 더 부러지지 않았지만 이미 부러진 나무는 어쩔 수 없었습니다. 다음 해 여름 정기 검진을 하러 현장에 가서 정이품 소나무를 보는 순간 선생님은 너무 안타까웠습니다.

　'사람의 힘으로 막을 수 없는 경우도 있나 보다. 그토록 관심과 정성을 기울였건만 자연의 힘 앞에서는 막을 수 없

었으니…….'

 하지만 지금 이만큼이라도 보존해서 우리가 볼 수 있는 것은 선생님의 오랜 치료와 관리 덕분입니다. 선생님은 오래될수록 친근하고 정이 가는 이 소나무가 아름답고 꿋꿋하게 잘 살아 주었으면 하는 바람입니다.

 요즘은 거리를 가다 보면 가끔 가로수 줄기에 링거 병이 대롱대롱 매달려 있는 것을 본 친구들도 있을 거예요. 지금은 이런 모습을 쉽게 볼 수 있지요. 그런데 처음부터 우

리나라에 이렇게 나무를 전문으로 치료해 주는 나무 의사가 있었을까요? 없었답니다.

　하지만 우리나라 최초의 나무 의사 1호 할아버지가 계십니다. 바로 강전유 선생님이랍니다. 강전유 선생님은 오늘도 온통 흙투성이 운동화와 사진기, 루페(확대경), 망치, 끌, 가위, 톱을 챙겨 들고 나무 환자를 치료하러 길을 나섭니다. 평생 나무를 치료하러 다녔지만 단 한 번도 힘들다는 생각을 해 본 적은 없었습니다. 선생님은 어떻게 나무를 치료하는 나무 의사가 되었을까요?

너희들은 참 예쁘구나

　강전유는 1936년 서울 충신동에서 4남 2녀의 둘째로 태어났습니다. 강전유의 아버지는 일제 강점기 때에 일본 회사였던 '조선제유공업주식회사'에 다녔어요. 전유는 남부러울 것 없이 부유하게 자랐지요.
　일본이 우리나라를 점령하던 시절에 전유는 유치원을 다녔습니다. 지금 약수동에 있는 동국대학교 자리에 '고야산 유치원'이라고 있었지요. 전유는 버스를 타고 유치원에 갔다가 집으로 돌아오곤 했습니다.

그 당시 버스는 기름으로 가는 게 아니었어요. 석탄을 때서 그 열로 버스가 움직이던 그런 시절이었지요. 불을 피울 때 바람을 일으키는 기구인 풀무라는 게 버스 안에 딸려 있을 정도였지요.

"엄마, 저게 뭐야?"

"풀무라는 거야. 숯이나 석탄이 잘 탈 수 있게 하는 거야."

"왜 불을 피워?"

"불을 때서 물을 끓이면 뜨거운 열이 나거든. 그 열로 버스가 움직이는 거야."

집으로 돌아올 때는 어머니와 약수동 고갯마루를 곧잘 넘어서 걸어오기도 했어요. 고갯마루에는 이파리가 넓적한 풀들이 많았습니다. 그 풀들에 흰색 꽃이 피고 작은 열매가 대롱대롱 열렸는데 그것이 익으면 검은색으로 변했지요.

"엄마, 저게 뭐야?"

"까마중이야."

"이름이 진짜 이상하네. 까마중?"

"응. 까맣게 익은 열매가 스님의 까만 머리를 닮았잖아. 그래서 이름이 그렇게 붙은 거야."

"스님?"

"응. 스님을 중이라고 부르기도 하잖아."

"아하! 중머리!"

"아서! 그렇게 부르면 못써."

전유는 까르르 웃었습니다. 호기심이 많은 전유는 궁금한 것이 있으면 항상 어머니에게 물어보는 아이였어요.

"까마중. 까마중. 너희들 이름은 참 예쁘기도 하구나."

전유는 심심하면 까마중을 따 먹곤 했습니다. 전유는 낮에 보았던 풀이나 꽃이 눈앞에 아른거렸습니다.

장충국민학교(초등학교) 2학년 때였습니다. 일제 강점기 끝 무렵이었지요. 미군이 비-이구(B-29) 원자 폭탄을 떨어뜨린다는 소문이 시내를 휩쓸었습니다. 피난을 가는 집들이 많았습니다. 전유네 집도 양주군 덕정리라는 곳으로 피난을 갔어요.

전유가 그전에 살던 약수동이나 장충동은 서울이었지만 이곳은 경기도에 있는 시골이었지요. 다른 학생들은 고무신이 닳을까 봐 맨발로 다니는 곳이었어요. 전유는 고무신이 닳으면 또 사서 신을 수도 있었지만 다른 동무들처럼 맨발로 함께 뛰어다녔어요. 그만큼 어디서나 튀지 않게 잘 어울리는 성격이었지요.

그날도 동무들과 실컷 놀다가 집으로 돌아오는 길이었어요. 마을 앞에 커다란 느티나무가 보였어요. 전유는 동무들과 느티나무 그늘 아래 벌러덩 드러누웠습니다. 마침 민들레 홀씨가 하늘로 날아오르고 있었어요.

'민들레는 저렇게 자기 씨앗을 퍼뜨리는구나. 너희들은 참 예쁘기도 하구나.'

하늘을 자유롭게 날아가는 민들레 홀씨를 보니 가슴이 마냥 부풀었습니다. 전유는 얼굴에 한가득 미소를 지으며 눈을 감았습니다. 그러자 몸이 부웅, 하늘로 떠오르는 것

같았지요. 전유는 자기도 모르게 민들레 홀씨처럼 하늘 위를, 구름 위를 날아가고 있는 것만 같았어요.

'유치원 끝나고 고갯마루 넘어올 때 먹던 까마중은 아직도 거기 있을까?'

'충신동 동네에서 비가 오면 둑 쌓고 함께 놀던 친구들은 아직도 거기 있을까?'

전유의 눈앞에 까마중의 까만 열매가, 까마중의 하얀 꽃이 민들레 홀씨와 함께 하늘 위로 날아오르는 게 보였어요.

노을이 지고, 해가 고갯마루로 넘어갈 때까지 전유는 행복한 꿈을 꾸며 잠이 들었어요.

 포기할 수 없어

  오늘도 아버지는 회사 일을 마치고 늦은 시간에 집으로 돌아오셨어요. 중학교 3학년이던 전유는 잠자리에 누워서 아버지가 돌아오는 소리를 듣고 있었지만 꼼짝하기 싫었어요. 모르는 척 잠을 자는 시늉을 하고 있었지요.
  '아버지처럼 회사원은 절대 되고 싶지 않아. 정해진 시간에 출근했다가 파김치가 되어 밤늦게 퇴근하시잖아. 그게 어디 사람답게 사는 거라 할 수 있겠어? 난 어디에 매이지

않고 자유롭고 멋지게 살 거야. 시계추처럼 왔다 갔다 하는 회사원은 절대 되기 싫어. 절대로!'

회사 일 때문에 아버지는 매일 녹초가 되다시피 했습니다. 힘들게 일하시는 아버지를 보면서 전유는 자유롭게 살 거라는 생각이 굳어 갔지요.

"뭐라고? 너 지금 제정신이냐? 수원농업고등학교를 가겠다고?"

아버지에게서 불호령이 떨어졌어요. 전유는 아버지에게 호되게 야단을 맞으면서도 꿈쩍하지 않았습니다. 서울 동성중학교를 졸업할 무렵이었지요.

"네, 아버지. 저는 이다음에 농사지으며 살고 싶어요. 그러니 수원농업고등학교를 보내 주십시오."

아버지는 얼굴이 굳어졌어요. 서울에서 나고 자란 아들이 앞으로 농사를 지으며 살겠다고 하니 하늘이 무너지는 것 같았던 거예요. 그 당시 농사는 똥지게를 지며 하는 힘든 일이었어요.

"야, 이놈아. 너처럼 고생 한 번 안 해 본 녀석이 무슨 농사를 짓겠다는 게냐? 농사는 아무나 짓는 줄 알아?"

"그래도 저는 농사를 짓고 싶어요. 다른 공부는 해 봤자 시간 낭비예요. 고등학교까지만 다니고 싶어요."

전유는 입술을 굳게 다물고 무릎을 꿇었지요. 그 모습을 본 아버지는 기가 막혀 절로 한숨이 나왔습니다. 아버지 말씀이라면 뭐든지 '예'라고 말하는 효자 아들이었기 때문이었어요. 어머니는 고집을 부리는 전유 옆에서 발을 동동 구르셨습니다.

"전유야, 다시 한 번 생각해 봐라. 농사짓는 일 말고 다른 일이라면 뭐든지 하게 해 달라고 말씀드려 볼 테니."

"그럼 어머니, 버스 기사나 사진 촬영 기사가 될래요. 그것도 돌아다닐 수 있는 직업이니까요."

"아이고 그건 또 무슨 엉뚱한 소리냐? 버스 운전사는 뭐고, 사진사는 다 뭐냐. 아버지 성격 너 잘 알지? 얼마나 엄하신지. 괜히 더 고집부렸다가는 호되게 야단이나 맞을 거야. 이 어미를 생각해서라도 아버지 말씀하신 대로 그렇게 하렴."

전유는 한곳에 붙잡혀 생활하는 것을 워낙 싫어했어요. 밖으로 돌아다니는 것을 좋아했지요. 어머니는 누구보다도 그런 아들을 잘 알고 있었지요. 하지만 농업고등학교를 가겠다고 할 줄은 꿈에도 몰랐던 거예요.

전유는 농사를 지으면서 자유로운 생활을 하고 싶었어요. 힘들면 나무 그늘에 누워 낮잠을 잘 수도 있고 봄, 여름, 가을, 겨울 사계절의 변화도 느낄 수 있으니까요. 전유는 하늘에 떠다니는 구름처럼, 바람처럼 자유롭게 사는 게 꿈이었어요.

전유는 해 뜨는 것, 해 넘어가는 것, 장작 땔 때 하늘로 올라가는 연기들, 늦은 밤 시골집에서 흘러나오는 불빛들이 깜빡거리는 것을 볼 때면 거기에서 살고 싶었어요.

"멋진 농장을 만들고 싶어요. 벌도 키우고, 닭도 키우고, 사시사철 맛있는 과일도 거두어들일 거예요. 또 친구들이 놀러 오면 역마차를 타고 마중을 나가는 농부가 되고 싶어요."

전유가 다시 한 번 아버지에게 힘주어 말했습니다.

"어허, 정 그렇다면 네가 하고 싶은 대로 해라. 하지만 고등학교는 일반 고등학교를 가거라. 졸업하고 나서, 그때에도 정 농사를 짓고 싶다면 농업 대학을 가도록 해 주마."

아버지도 어쩔 수 없었습니다. 일단 아들을 설득하기로 했습니다.

'고등학교 졸업할 때쯤이면 아마 생각이 바뀌겠지. 농사짓는 게 힘든 일이라는 걸 알게 될 테니까.'

아버지는 아들 전유의 생각이 바뀔 거라고 생각했습니다. 전유도 일단 아버지 말씀을 따르기로 했지요. 더는 아버지 뜻을 반대할 수 없었으니까요.

'농사짓는데 대학은 무슨 대학이람. 고등학교만 나오면 될 텐데……'

전유는 아버지 뜻에 따라 일반 고등학교에 가기로 했어요.

'대학을 가게 된다면 꼭 농과 대학에 갈 거야.'

# 거지인 줄 알았어

　여름방학이 되었습니다. 고등학생이 된 전유는 집에만 있으니 몸이 근질근질했어요.
　"어이, 17번! 박명원. 우리 강원도 여행이나 다녀올까?"
　"여행? 팔자 좋다. 난 돈 없어."
　"명원아, 여행을 돈으로 가냐? 쌀 좀 챙기고 차비만 가져가면 되지."
　16번 강전유와 17번 박명원은 걸망 같은 배낭에 군인용

텐트와 작은 솥단지 그리고 쌀과 먹을거리를 챙겨 넣었어요.

"우와, 우리끼리 여행을 가다니 꿈만 같다. 정말 설레고 가슴이 두근거리지 않냐? 히히히. 그런데 어디로 가는 게 좋을까?"

명원이는 입이 귀에 걸리도록 웃었지요.

"우리, 일출 보러 가자. 강릉으로 말이야."

"좋아, 좋아."

둘은 하루에 한 번 오는 버스를 타고 진부령까지 갔습니다. 그런데 도착하자마자 마침 버스가 딱 끊겨 버렸어요. 날은 어두워 오고 있었지요.

"에이, 오늘 안으로 강릉 경포대에 가기는 글렀다. 어떻게 가냐? 내일 아침 해 뜨는 거 보기로 한 건 아무래도 힘들겠는걸."

명원이는 걱정이 되어 한숨이 나왔습니다.

"야, 뭘 걱정이야. 저기 트럭 한 대가 이쪽으로 오고 계시는데."

전유는 지나가는 트럭을 세웠습니다. 트럭은 고맙게도 둘 앞에 얌전히 섰습니다.

"저, 저희는 서울에서 온 학생들인데요. 차가 끊겨서요. 혹시 강릉 쪽으로 가시나요?"

"그래. 경포대까지 간다."

"와, 아저씨. 저희도 경포대까지 가는데……. 좀 태워 주시면 안 될까요?"

"녀석들. 어서 타라."

"감사합니다! 정말 감사합니다! 아저씨 복 많이 받으실 거예요. 헤헤헤."

둘은 트럭을 얻어 타고 진부령 고개를 넘어갔습니다. 밤이 되어 도착한 경포대에서는 물어물어 주막엘 들어갔지요. 주막에서 하룻밤을 자고 다음 날 드디어 경포대 바닷가에 나갔어요. 바다는 아직 어두웠어요. 드넓은 바다 위 수평선 끝에서 서서히 뭔가 붉은 것이 꿈틀거리며 올라왔어요.

"전유야! 우와, 해가 뜬다!"

"명원아! 가슴이 확 뚫리는 기분이야. 정말 멋지다!"

전유는 마치 어린애처럼 펄쩍펄쩍 뛰었어요. 동해 수평선 위로 떠오른 해는 엄청나게 컸습니다. 온 사방이 붉게 물들었고 둘의 얼굴도 붉게 물들었습니다. 전유는 이 세상을 다 가진 것처럼 가슴이 부풀었지요.

그날은 경포대 근처 초가집에서 하룻밤을 묵었습니다.

"아주머니, 감사합니다. 여기 쌀이 있으니 밥 지으실 때 부탁드립니다."

가방에서 가지고 온 쌀을 꺼내 아주머니에게 드렸어요. 그렇게 또 하룻밤을 낯선 곳에서 지냈습니다. 다음 날은 바닷가를 따라 걸었습니다. 주문진 근처 사천까지. 그리고 또 걸었지요. 훌쩍 일주일이 지났습니다. 이제 서울로 돌아가야 하는 날이 되었습니다. 둘은 걷고 또 걸어 속초까지 왔어요.

"전유야, 일주일 내내 걸어 다녀서 다리가 끊어질 것 같아."

"야, 그래도 나는 낯선 곳에서 낯선 사람들 만나는 게 좋은걸. 헤헤."

둘은 물어물어 간신히 서울로 가는 버스 정류장에 도착했지요. 그런데 큰일이 났어요. 차비가 한 사람 몫밖에 남아 있지 않은 거예요. 전유는 버스 옆에 서 있던 기사 아저씨 쪽으로 뚜벅뚜벅 걸어갔습니다. 둘의 모습은 영락없는 거지꼴이었지요. 전유가 용기를 내서 기사 아저씨를 보고 더듬더듬 입을 열었습니다.

"기사님, 저희는 서울에서 온…… 학생들인데요. 내일 첫차를 타고 서울에 가야 하는데…… 차비가…… 한 사람 몫밖에 남아 있지 않아서요. 제발 부탁인데…… 저희를 태워 주실 수 없을까요?"

둘의 초라한 행색을 보더니 운전기사는 혀를 끌끌 찼어요.

"쯧쯧쯧, 학생들이 무전여행을 왔구먼. 운전석 옆에 앉을 수 있는 자리가 있으니 거기 앉아서 가려면 가."

"고맙습니다. 기사님 고맙습니다. 그리고 저어……."

"또 뭐야?"

"혹시 오늘 밤 기사님들 숙소에서…… 같이 묵게 해 주시면…… 안 될까요?"

기사는 너털웃음을 지으며 말했어요.

"허허허. 갈수록 태산일세. 그런데 학생들이 거기서 잘 수 있을까 몰라. 모기가 엄청 많거든. 같이 자는 거야 문제는 아니지만……."

"괜찮습니다. 저희야 아무 데나 상관없어요. 잠만 자게 해 주신다면 말이에요."

"그럼, 그렇게 해."

"야호! 정말 감사합니다."

둘은 마지막 밤을 지낼 수 있는 곳이 생겨 한시름을 놓았어요. 둘은 그날 밤 버스 기사님들 사이에 누워 잠을 잤습니다. 그런데 한참을 자는 줄 알았던 명원이가 전유를 툭툭 쳤어요.

"전유야, 전유야. 자냐?"

"왜 그래?"

"난 도저히 못 자겠다. 발 냄새도 나고. 이놈의 모기 때문에…….”

"사실 나도 내내 긁고 있다."

드르렁 드르렁, 옆에서는 곯아떨어진 버스 기사님들이 코를 골며 자고 있었어요. 코 고는 소리도 소리지만 둘은 달려드는 모기 때문에 한숨도 자지 못했지요. 간신히 아침 첫차를 얻어 타고 오는 동안 둘은 버스에서 내내 꾸벅꾸벅 졸았어요. 오후 네 시가 되어 드디어 버스가 서울에 도착했지요.

둘은 종로 5가 종점에 막 도착해서 피곤한 몸을 이끌고 집으로 걸어갔어요. 막 충신동 시장에 접어들 때였지요. 그런데 시장 끝에서 전유의 어머니가 오시는 게 아니겠어요. 반가운 마음에 전유는 어머니께 달려갔습니다. 그런데 어머니는 일주일 동안 강원도에서 지내다 돌아온 아들을 알아보지 못하고 막 지나치려고 했어요. 머리도 수세미처럼 헝클어져 있고, 옷은 지저분해져 있었기 때문이었어요.

"어머니!"

전유가 큰 소리로 어머니를 불렀습니다. 그러자 어머니

는 아들 모습을 보고 깜짝 놀라 한 발 물러났지요.

"에구머니, 웬 거지인 줄 알았더니 우리 아들이었네."

"뭐라고요? 어머니. 아무리 그래도 아들을 못 알아보다니요. 낄낄낄."

어머니와 전유, 그리고 친구 명원이는 길거리에서 배꼽이 빠지게 웃었습니다.

박목월 선생님과 연애편지 일곱 장

나그네

강나루 건너서
밀밭 길을
구름에 달 가듯이
가는 나그네
길은 외줄기

남도 삼백리

술 익는 마을마다

타는 저녁 놀

구름에 달 가듯이

가는 나그네

전유는 학교 가는 길에 박목월 선생님의 시를 읊으며 걸었습니다. 전유는 좋아하는 시를 자꾸만 읽는 게 습관이었어요. 그러다 보니 자기도 모르게 외우게 되었지요. 전유는 자연을 노래한 '나그네'라는 이 시를 무척이나 좋아했습니다.

이 시를 읽다 보면 나그네가 걷는 한가하고 평화로운 길이 눈앞에 떠올랐습니다. 사람들이 많고 복잡한 도시가 아닌 길을, 나그네가 외롭고 쓸쓸하게 걷고 있는 장면을 상상하면 정말 좋았지요.

전유는 동성고등학교에서 널리 알려진 시인 박목월 선생님과 황금찬 선생님에게서 수업을 받았습니다. 시와 시조를 무척 좋아한 전유는 시 한 권을 거의 외울 정도였어요. 〈상춘곡〉, 〈사미인곡〉, 〈속미인곡〉처럼 어려운 한자로 된 작품들까지 술술 외울 정도였습니다. 그것을 본 황금찬 선생님께서 놀라 물었지요.

"너 어떻게 그 많은 걸 다 외웠느냐?"

"외운 적 없는데요. 좋아서 자꾸 읽다 보니 그렇게 된 거예요."

"허허허. 시를 무척 좋아하는 녀석이로구나."

전유는 서울대 농과 대학을 목표로 1차 시험 준비를 했습니다. 1차에 떨어지면 2차로 갈 대학은 성균관대학교 국문과로 정해 두고 있었지요. 3차로 갈 대학은 서울시립농업대학이었습니다.

고등학교 졸업할 때쯤 아버지께서 전유를 불렀습니다.

"이제 고등학교 졸업하면 어디를 갈 테냐?"

아버지의 물음에 전유는 당연하다는 듯 대답했지요.

"저는 벌써부터 서울대학교 농과 대학에 가려고 공부를 하고 있었습니다."

"어떤 공부를 했단 말이냐?"

"농업 통론과 국사입니다. 농과 대학을 가려면 이 과목이 필수거든요."

아버지는 전유의 대답에 혀를 내둘렀습니다. 몇 년 전 수원농업고등학교를 가겠다는 것을 간신히 말렸던 게 떠올랐습니다. 그때는 아들의 생각이 바뀔 것이라고 믿었으니까요. 하지만 아들은 하나도 변하지 않았습니다. 오히려 착실하게 농업 대학에 갈 준비를 하고 있었던 것입니다.

아버지는 할 말이 없었습니다. 대학에 갈 때가 되어서 그때도 가고 싶으면 서울대학교 농과 대학을 가라고 한 건 아버지였으니까요.

"알았다. 그렇게 해라."

아버지는 전유의 고집을 꺾을 수 없다고 생각했습니다.

드디어 전유는 서울대학교 농과 대학 농생물학과에 입학했습니다. 전유는 대학에 들어가서도 농사짓는 데 필요한 과목을 선택해서 들었어요. 원예학, 수목학, 농약학 들이었지요. 운동을 좋아해서 축구, 정구, 배구도 즐겼어요. 농과 대학 가톨릭 학생회장도 지냈어요. 전유는 대학 생활 내내 신발 한 켤레만으로 지낼 정도로 검소한 생활을 했지요. 워낙 성격도 털털했으니까요.

그러던 어느 날 고등학교 동창 녀석이 전유를 찾아왔습니다.
"야야, 나 죽겠다."
"죽긴 왜 죽냐? 뭔 사고 쳤냐?"
전유가 깜짝 놀라 물었지요.
"그래. 사고다, 사고. 이 가슴속에서 사고가 났단 말이다."
친구는 가슴을 손으로 탁탁 치며 말했어요.
"답답하다. 속 시원하게 말해 봐."
"누가 내 마음속에 불을 질렀다고!"
"빨리 말해 봐. 무슨 일인지."
전유는 더욱 궁금해져서 바짝 다가가 물었어요.
"서울대학교 병원에 있는 백의의 천사가 내 마음을 사로

잡았어. 이를 어쩌면 좋냐?"

친구가 병원 간호사를 짝사랑하게 된 거였어요. 그런데 아무리 마음을 전하려고 해도 잘 안 된다고 하소연을 하러 온 것이었지요.

"전유야, 날 살려 다오. 너, 글 잘 쓰잖아. 사랑 편지 좀 써 주라. 제발 부탁이다."

"알았다, 알았어. 내일 와라."

전유는 당장 편지를 쓰기 위해 준비를 했습니다. 바스락바스락 길가에 떨어진 낙엽을 밟으며 창경궁 돌담길을 걸었지요.

'난 지금 간호사를 짝사랑하고 있는 거야. 그런데 내 마음을 어떻게 전해야 할까?'

전유는 그 친구가 되어 낙엽을 밟았고, 그 친구가 되어 돌담길을 걸었습니다.

'가을이 되면 낙엽은 왜 저렇게 몸을 떨어뜨릴까?'

바스락 바스락 낙엽 밟는 소리가 마음을 아프게 했어요. 그 친구 마음이 어땠을까 생각하고 상상하며 창경궁에서 서울대학교 병원 둘레를 혼자 쓸쓸이 걸었습니다. 그리고 종로 4가에 있는 '동원'이라는 찻집에 들어갔지요. 마음을 가라앉히고 그 사람의 심정으로 찻집 한 귀퉁이에 앉아서 글을 썼어요.

> 행여 백조 오는 날
> 이 물가 어지러울까
> 난 밤마다 꿈을 꾸노라

교과서에 실렸던 시가 떠올랐지요. 편지글 첫머리에 그 시를 썼어요. 전유는 다방에 앉아 그 자리에서 연애편지를 일곱 장이나 썼습니다.
"전유야, 이 은혜는 평생 잊지 않으마."
친구는 전유의 손을 잡고 고마워서 어쩔 줄을 몰라 했어요.
"괜찮아. 필요하면 언제든지 와."
전유는 교과서에 실렸던 시까지 다 외워서 글을 쓸 정도

로 문학에 관심이 많았어요. 전유가 잘 가던 책방도 있었어요. 길거리 책방이었지요. 그 당시 종로 3가, 4가 길가에는 간드레 불(카바이드 불) 밑에 책을 죽 펼쳐 놓고 파는 사람들이 많았어요. 전유는 보고 싶은 책이 있으면 어머니에게 용돈을 타서 책을 샀습니다.

길거리 책방에서 고른 책《젊은 베르테르의 슬픔》은 세 번이나 읽었고, 읽을 때마다 눈물을 흘렸습니다. 전유는 문학이나 자연에 예민한 눈을 가지고 있었습니다.

그 당시 서울대학교 농과 대학은 수원에 있었습니다. 전유는 집에 들를 때마다 쌀을 퍼서 그 쌀을 지고 학교 앞 자취방까지 갔지요. 엄한 아버지한테는 용돈 한 번 달란 말을 하지 않았어요. 전유는 대학교 3학년 때 군대 가는 날 처음으로 아버지에게서 용돈을 받았어요. 대학에 다닐 때 비싼 궐련 담배를 피울 정도로 부유했지만 검소한 생활을 했지요.

군대 갈 준비를 위해 대학 기숙사에 있던 짐을 가져가려고 집에서 자가용이 왔어요. 그걸 본 친구들이 깜짝 놀라

며 말했어요.

"야아, 저게 너희 집 자가용이야? 너 되게 부자였구나?"

"내가 부자냐? 아버지가 부자인 거지."

대학 생활 내내 신발 한 켤레로 지내다 보니 친구들은 모두 전유의 집이 가난하다고 생각하였습니다. 전유는 검소하고 털털하고 문학적 감수성이 풍부한 청년으로 컸습니다.

 **결혼 자금으로 산 땅**

 1961년, 강전유는 대학을 졸업할 때가 되어 주임 교수님을 찾아갔습니다.
 "선생님, 시골 외진 데 있는 농업 고등학교 교사 자리가 있으면 저를 그리로 보내 주십시오."
 "다들 서울에서 자리를 잡으려고 안달인데 왜 시골로 가려고 그러는가?"
 교수님은 시골 학교 선생님 자리를 부탁하는 강전유가

이해되지 않았습니다.

"저는 시골에서 학생들 가르치며 농사지을 계획입니다."

"허허허. 기특한 학생이군. 염려 말게. 제일 쉬운 걸 부탁하는군. 시골 선생 자리는 누가 가려고도 하지 않으니 자리가 금방 날 걸세. 조금만 기다려 보게나."

강전유는 드디어 시골로 갈 수 있겠다는 생각에 기뻤습니다.

'아버지께 미리 알려 드려야 할 텐데……. 반대하실 게 뻔해. 하지만 어쩌겠어. 매를 맞을 바엔 하루라도 빨리 맞아야지.'

강전유는 농업 고등학교를 가겠다고 했을 때 아버지가 얼마나 실망을 하셨는지 잘 알고 있었기 때문에 쉽게 입이 떨어지지가 않았지요.

"아버지……. 졸업하면 시골로 내려가서 농업 고등학교 선생을 하고 싶습니다."

"뭐라고? 야, 이놈아. 너 제정신이냐? 시골에서 선생질이나 하려고 서울대학교를 들어갔냐?"

"아버지, 저는 시골에 가서 농사도 지으며 살 생각입니다."

예상한 대로 아버지는 펄쩍펄쩍 뛰셨습니다.

"농사는 그냥 짓는 줄 아느냐? 똥지게 지고 일 년 내내 허리 못 펴고 고생고생해야 하는 게 농사야. 이놈아, 제발 정신 좀 차려라!"

이번에는 강전유도 호락호락 넘어가지 않을 생각이었습니다.

"아버지, 시골에서도 자급자족할 수 있도록 미리 필요한 과목을 공부해 두었으니 걱정 마세요."

중학교를 졸업할 당시의 어린 강전유가 아니었습니다.

"농사는 무슨 농사냐? 부산에 내가 아는 유명한 약국이 있으니 그 약국을 맡아서 해 봐라. 부산에 약품들이 많이 들어와서 돈벌이가 아주 잘될 거다."

아버지는 노발대발 화를 내면서도 은근히 걱정이 되었습니다.

"교수님께 벌써 시골 학교 자리 알아봐 달라고 말씀드렸습니다."

"산골 학교는 절대 안 된다. 전유야, 정 그렇다면 제발 멀리 가지 말고 가까운 곳에 직장을 알아봐라."

아들이 정말 시골로 내려갈 결심을 굳혔다고 생각하자 아버지는 초조해졌습니다. 겉으로는 화를 냈지만 걱정이 되었지요. 지금까지 강전유는 한 번도 아버지 뜻을 거스른 적이 없었습니다. 아버지가 강하게 말을 하자 또 고민이 되었어요. 며칠 동안 생각에 생각을 거듭한 다음 아버지께 다시 말씀드렸어요.

"아버지. 그럼 제가 결혼할 때 주실 돈을 미리 주십시오. 그러면 산골로 내려가지 않겠습니다."

아버지는 아들이 산골로 내려가지 않겠다는 말을 하자마자 휴우, 속으로 한숨을 내쉬었어요.

"그런데 왜 결혼할 때 쓸 돈을 미리 달라고 하는 거냐?"

"산골로 내려가지 않는 대신 가까운 곳에 땅을 사겠어요. 그리고 거기에 농장을 짓겠습니다."

강전유가 먼 산골로 내려가지 않는다고 했기 때문에 아

버지는 할 수 없이 아들의 제안을 받아들일 수밖에 없었지요. 다른 청년들처럼 옷이나 사 입고 돈 쓰며 놀러 다니는 그런 성격이 아니라는 것을 누구보다도 잘 알고 있었기 때문이었어요.

"흐음, 알았다."

아버지는 강전유에게 결혼할 때 필요한 돈을 미리 줄 수밖에 없었습니다. 아버지한테서 받은 돈을 들고 강전유는 제일 먼저 헌 자전거 한 대를 샀습니다. 자전거를 타고 서울 여기저기를 돌아다녔지요.

'시골에 갈 수 없다면 서울 근처에서라도 농사를 지어야지.'

강전유는 농사지을 땅을 알아보기 시작했습니다. 그런데 서울은 땅값이 너무 비쌌어요.

'그럼 서울에서 가까운 경기도를 알아보자.'

땅값이 싼 과천, 구파발 너머 쪽까지 이 잡듯 뒤졌어요. 그러다가 물어물어 찾아간 곳은 경기도 광주군 중대면 방이리였습니다. 지금은 이 지역이 서울시 송파구 방이동으

로 바뀌었지만 그때는 버스도 다니지 않는 허허벌판이었지요. 강전유는 평(3.3㎡)당 36원을 주고 그 땅을 사게 되었어요.

흙집이 하나 있는 외딴곳이었지요. 강전유는 쓰러져 가는 그 집을 고쳤습니다. 힘은 들었지만 강전유의 가슴은 부풀었습니다.

'이제 드디어 내 인생의 출발인 거야. 그렇게 바라던 농사지을 땅이 생겼어. 말이 끄는 역마차를 만들어서 끌고, 사시사철 꽃피는 곳에서 농사지으며 살 거야. 채소도 가꾸고 닭도 키워야지.'

강전유는 대학을 졸업하자마자 학교 기숙사에 있던 이불이며 그릇들을 다 끌고 혼자 농장으로 들어갔지요. 식사는 간소하게 먹고 옷 입는 것도 검소하게 입고, 평소에도 간소하게 생활하던 강전유는 다음 날부터 흙집에 살면서 거친 황무지를 일구기 시작했습니다.

'혼자 농사짓는다고 밥이야 굶겠어?'

# 좋은 똥 주세요

'아, 이게 처음으로 가진 내 땅이야.'

강전유는 흙집 앞에 서서 내다보이는 땅이 소중하고도 소중했습니다. 하루하루가 기뻤지요. 그래서 뼈가 빠지게 땅을 일구었습니다. 얼마 뒤 강전유는 그 땅에 포도나무, 복숭아나무 그리고 딸기를 심었습니다. 토기와 닭도 키웠어요. 자기 농장이 생기자 강전유는 힘든 줄도 모르고 지냈습니다.

하지만 집에 계신 어머니는 걱정이 태산 같았습니다. 아들이 걱정된 어머니는 서울 충신동에서부터 농장까지 찾아오셨습니다. 바깥출입을 잘 하지도 않는 어머니였는데 둘째 아들 강전유를 보러 온갖 반찬을 손수 만들어서 그 먼 길을 찾아오는 것이었습니다.

"전유야, 다시 한 번 일러 다오. 어디에서 내린다고?"

"어머니, 농장에 오려면 버스를 갈아타고도 한참을 걸어와야 해요. 뭐하러 오세요."

"이것아, 걷는 게 문제냐? 아들 보러 가는 길에?"

전유가 걱정이 된 어머니는 하루에 버스가 서너 번밖에 다니지 않는 곳에서도 한참을 또 걸어 들어가는 길을 마다하지 않고 찾아오셨어요. 게다가 어머니는 버스가 서는 천호동에서부터 농장이 있는 방이리까지 버선발로 오셨습니다. 그 길은 진흙땅이라서 고무신을 신고 오면 자꾸 신발이 벗겨지는 길이었어요. 그러니 아예 버선발로 걸어서 오시는 거였지요. 어머니는 집을 나와 혼자 농사지으며 살고 있는 아들 걱정에, 앉으나 서나 바늘방석이었습니다.

"자랄 때까지 고생 한 번 안 시키고 키운 아들인데 이런 험한 곳에서 고생을 하고 있구나……. 좋은 집 놔두고 이게 무슨 짓인지. 아이고, 따뜻한 밥이나 지어 먹고 있는 건지, 원! 어떻게 이렇게 변했을꼬?"

어머니가 오실 때마다 강전유는 마음이 좋지 않았지요. 어머니는 아들이 잘 지내고 있는지 항상 걱정되어 눈물이 마를 새가 없었습니다.

하루는 강전유가 이렇게 말했습니다.

"어머니, 자식 위해서 이런다고 생각하시겠지만 나를 위해서라면 이렇게 하지 마세요. 이제 다 컸으니까 나를 내버려 두세요. 절대로 안 죽을 테니까 내버려 두시라고요. 걱정하지 마세요."

강전유는 걱정되어 찾아오는 어머니 때문에 속으로 울었지만 겉으로는 절대 그런 내색을 하지 않았습니다. 오히려 더 강한 모습을 보여 드렸지요. 하지만 그렇게 말하는 강전유의 어깨와 등은 시퍼렇게 멍이 들어 있곤 했습니다. 집에서는 져 보지도 않던 무거운 지게를 지느라 온몸이 천

근만근이었지요. 밤이 되면 작은 언덕에 홀로 앉아 노을을 바라보며 가끔 눈물을 흘리기도 했어요.

'빵도 먹고 싶고, 커피도 한잔 마시고 싶어.'

커피를 집에서 먹는다는 것은 불가능한 때였어요. 대학 1학년 때 처음으로 선배가 데리고 간 찻집에 들어가서 커피를 마셔 본 기억이 떠올랐어요. 강전유는 한창 피가 끓는 청년이었지요. 그래도 강전유는 농사짓는 것을 절대 후회하지 않았습니다. 좋아서 선택하고 시작한 일이었으니까요. 강전유는 배추를 심어서 처음으로 혼자 김장도 했습니다. 그런 아들을 보자 어머니는 대견해서 눈물을 흘리셨습니다.

강전유 손에는 점점 굳은살이 박였습니다. 비료가 없을 때라서 똥으로 농사를 지었기 때문에 온몸에서는 거름으로 쓰는 똥 냄새가 진동했고요.

저녁때 잠을 자려고 누울 때는 온몸이 몽둥이로 맞은 것처럼 무거웠습니다. 너무 힘이 들어서 자기도 모르게 에구구, 앓는 소리가 저절로 나왔습니다. 그렇게 힘이 들어도 혼자 흙집에 살며 농사짓는 것을 절대 후회한 적은 없었습니다.

"아저씨, 우리는 좋은 똥을 가져다주셔야 합니다."

강전유는 똥을 팔러 오시는 분에게 신신당부했습니다. 지금이야 비료가 있지만 그때에는 거름으로 똥만 한 것이 없었지요. 서울에도 똥 장수가 있었어요. 똥 장수는 집집마다 돌아다니며 돈을 주고 똥을 사서 필요한 곳에 팔았지요. 주로 농사짓는 곳이었어요.

옛날에는 똥, 오줌을 절대 남의 집이나 바깥에서 해결하지 않았어요. 될 수 있으면 꾹 참았다가 집에서 봤지요. 그게 다 돈이었으니까요.

"허허허, 내가 가져오는 똥은 다 좋은 똥이라네."

똥 장수 아저씨는 너털웃음을 지으셨어요. 젊은이가 똥 하나에도 이리 신경을 쓰는 게 그리 흔한 일은 아니었으니까요.

"종로구, 중구 똥은 가져오지 마세요."

"왜 그러나?"

"거기 똥은 물똥이에요. 성동구나 산동네 똥이 된똥이니까 거기 똥을 가져다주세요."

똥 장수는 오늘도 좋은 똥 달라고 부탁하는 강전유를 돌아보며 손을 흔들었습니다. 똥 장수가 오는 날은 몸에서 고약한 냄새가 더 진동했지요. 하지만 강전유에게는 좋은

똥을 얻어서 농사를 지을 수만 있다면 냄새쯤이야 아무것도 아니었어요.
 부모님은 왜 사서 고생하느냐고 나무라셨어요. 하지만 볼품없는 흙집에서 호롱불 켜고 지내면서도 강전유는 행복하기만 했답니다.

# 돈이 없었던 청년 농사꾼

강전유는 처음으로 손수 거두어들인 딸기를 맨 먼저 충신동에 계신 아버지 어머니께 갖다 드렸어요. 비록 볼품없는 과일이었지만 아버지와 어머니를 챙겨 드리는 효자 강전유였습니다.

그렇지만 강전유의 행복은 그리 오래가지 않았습니다. 2, 3년 농장 생활을 하다 보니 생활비가 다 떨어졌거든요. 농사가 하루아침에 이루어지는 것은 아니었어요. 무엇인

가를 수확하기 위해서는 오랜 시간 공들이고 기다리는 시간이 필요했지요.

강전유는 아버지가 주신 결혼 자금으로 땅을 사고 토끼, 닭, 나무 들을 산 다음 남은 돈으로 여태껏 어렵사리 버텨 왔습니다. 하루는 수중에 돈이 없는데 마침 닭 모이가 딱 떨어졌습니다. 강전유는 닭 모이를 파는 천호동으로 나갔습니다.

"저, 저기 방이리에서 농사짓고 있는 사람인데요. 혹시 닭에게 줄 모이를 외상으로 주실 수 없을까요? 닭들이 굶어죽게 생겨서요."

강전유가 어렵게 입을 열었어요.

"자네를 왜 모르겠나? 걱정 말게. 외상 줄 테니 어서 가서 닭에게 주게나."

서울대 농과 대학을 졸업한 젊은이가 들어와서 혼자 농장을 한다는 소문이 나 있었기 때문에 가게에서는 강전유를 다 알고 있었어요. 강전유는 허리를 굽혀 인사드리고 농장으로 돌아와 닭에게 모이를 주었습니다.

그렇게 노력하며 열심히 살았지만 먹고살기는 더 힘들어졌습니다. 그렇다고 부모님께 말씀드릴 수는 없었습니다. 할 수 없이 강전유는 졸업한 서울대 농과 대학으로 찾아갔습니다.

"선생님, 그동안 건강하셨습니까?"

"자네가 웬일인가? 선생 자리 알아보러 온 건가? 시골 농업 학교 교사 자리 부탁했던 졸업생은 자네밖에 없었는데."

"아닙니다. 교수님, 서울 가까운 곳에 취직자리 하나만 알아봐 주십시오. 지금 농장을 돌보고 있어서 멀리는 못 갑니다."

"아니, 지금 농장을 하고 있단 말인가? 허허, 젊은이가 대단하네그려. 자네가 취직을 시켜 달라는데 당연히 해 줘야지. 음……, 가만있자, 마침 농촌진흥청 임업시험장에 자리가 생겼다지. 그리로 가 보겠나?"

그때는 농생물학과를 졸업한 강전유가 가서 일할 곳이 많았습니다. 교수님이 소개해 주신 임업시험장에서는 바로 와서 일을 하라고 했지요. 하루에 160원을 받는 임시직이었습니다. 정식 공무원이 아닌 보조 역할을 하는 자리였어요.

"일주일만 시간을 주십시오. 토끼와 닭을 키우던 농장을 정리해야 하니까요."

회사원 되는 걸 그토록 싫어했던 강전유는 어쩔 수 없이 취직을 하게 되었습니다. 취직을 한 다음에도 강전유는 농장에서 출퇴근을 했습니다.

'아침에는 홍릉까지 자전거로 갈 수 있겠는데 저녁에 오려면 힘들어서 못 올 것 같아.'

강전유는 자전거로 직장을 다니고 싶었지만 자전거로 다니기에는 너무 힘이 들었습니다. 결국 버스를 타고 다니게 되었지요.

"전유야, 충신동 집에서 다니면 편할 텐데, 왜 집으로 들어오지 않니?"

어머니는 매일 힘들게 출퇴근하는 강전유를 보시고는 말씀하셨습니다.

"가긴 어디를 갑니까? 제 집은 방이리에 있는 농장인 걸요."

강전유는 방이리에 있는 농장에서 청량리에 있는 임업시험장까지 두 시간이 넘는 거리를 하루 네 시간이 걸려 출퇴근했습니다. 천호동까지 걸어 나가서 왕십리까지 버스를 타고 다시 직장까지 버스를 또 갈아타고 다녔지요. 토요일 일요일은 농장에서 일을 했고요.

그러던 어느 날이었습니다. 하루는 퇴근을 하고 천호동에서 내려 밤중에 농장으로 걸어오던 길이었습니다. 깜깜한 밤이었어요.

농장에 들어서는데 닭장 창문에 덮어 둔 비닐 너머로 불빛이 비치는 게 보였어요. 강전유는 허둥지둥 쫓아 올라가 보았지요. 들어가 보니 흙벽돌에 구멍이 뚫려 있고 황을 피워 놓은 냄새가 진동하고 있는 게 아니겠어요? 그 순간 검은 그림자가 갑자기 후다닥 도망쳤어요. 강전유는 화들짝 놀라 뒤로 자빠졌지요. 닭장 문을 열어 보니 닭들이 힘없이 축 늘어져 있었습니다.

"황을 피우면 닭들이 황 냄새를 맡고 시름시름 쓰러지게 돼. 그렇게 해서 도둑들이 닭들을 자루에 담아 훔쳐 간다네. 자네도 조심하라고."

강전유는 그런 수법으로 닭들을 도둑질한다는 말을 며칠 전에 들었지만 이렇게 진짜 당할 줄은 몰랐어요. 황을 마신 닭들은 더는 알을 낳을 수 없었어요. 강전유는 할 수 없이 닭들을 헐값에 팔 수밖에 없었지요. 생활은 더 어려워졌어요.

'나는 나야.'

부모님이 집으로 들어오라고 아무리 말을 해도 강전유는 끄덕하지 않고 농장에서 꿋꿋하게 지냈습니다.

어느덧 강전유는 직장에도 열심히 나가고 결혼할 나이도 되었어요. 그때 성당에서 레지오 마리아 단체 활동을 하던 유영목 씨를 소개받아 결혼하게 되었지요. 결혼은 했지만 강전유는 여전히 방이동 농장에서 아내와 함께 생활했습니다.

그러던 중 서울시 행정 구역이 바뀌면서 농장은 경기도에서 서울시로 주소가 바뀌게 되었어요. 농장이 있는 자리는 처음에는 서울시 성동구였다가 강동구로 바뀌었고, 다시 지금의 송파구가 되었지요. 서울시로 들어가게 된 이 지역은 이제 개발 예정지가 되어 버렸어요. 강전유는 이사를 해야만 했어요. 강전유는 이제 농장에서 살 수 없게 되었지요. 농장도 처분할 수밖에 없었어요.

'나의 농장 생활이 여기서 마감을 하게 되나 보다.'

강전유는 창밖에 떠 있는 둥근 보름달을 보았습니다. 어릴 때부터 꿈꿔 왔던 농부의 삶이 끝날 것 같은 생각에 강전유는 밤잠을 설쳤습니다.

 ## 나무를 살려야 할 사람이 필요해

"하루에 겨우 160원이라니."

강전유는 임업시험장 임시직으로 하루에 일당 160원을 받고 언제까지고 일할 수는 없었지요. 이제 결혼도 했고 아내도 생겼으니까요.

'안 되겠어. 더는 임시직으로 일할 수는 없지.'

강전유는 틈틈이 공무원 시험 준비를 했습니다. 3년이 지나 강전유는 공무원 시험을 보았어요. 다행히 시험에 합

격했고, 그제야 공무원이 되었습니다. 정식으로 '농촌진흥청 임업연구원'이 된 것이지요.

'임업연구원 보호과'는 나무의 병충해를 연구하는 곳이었어요. 우리나라 나무가 왜 병이 드는지, 나무를 병들게 하는 해로운 벌레들은 어떤 것들이 있는지를 비롯한 병충해 관리를 하는 곳이었지요. 우리나라에서 나무 치료에 대한 관심이 막 싹트던 때였습니다.

'전에야 병든 나무가 있으면 베어 버리면 그만이었어. 하지만 이제는 그런 시대가 아니야. 병든 나무는 치료해 줘야 해. 나무가 병든 원인도 알아내야 하고 병이 든 나무는 돌봐 줘야 하는 거라고.'

도심 지역에도 가로수에 병충해가 많이 생겨나기 시작했습니다. 그때는 아파트가 거의 없었지요. 부자들은 숲에 좋은 집을 짓고 정원을 만들어 경치를 아름답게 꾸미려고 할 때였어요. '정원'은 집이나 작은 건축물 주위 공간을 이용해서 나무나 꽃 등을 아름답게 가꾼 곳이에요.

나라에서는 조경 사업에 관심을 기울이기 시작했던 때였

어요. '조경 사업'이란 공원이나 도시처럼 넓은 공간을 나무나 꽃으로 가꾸거나, 도로를 따라 땅의 모양을 정리하는 일이지요. 나무의 관리가 점점 필요해지던 때였어요.

강전유는 임업연구원에서 병충해 관리를 하다 보니 아픈 나무를 많이 만나게 되었습니다. 나무가 병드는 원인을 분석하기 위해 전국 방방곡곡을 누비며 다녔지요.

'생각지도 못한 병들이 너무 많구나. 나무가 병드는 원인이 어쩜 이렇게 가지각색일까?'

강전유는 여러 가지 병을 앓고 있는 나무들을 보게 되었어요.

"어떻게든 나무를 살려야겠어."

강전유는 나무들의 병을 알아내는 방법이 궁금했어요.

'이 나무는 왜 병에 걸렸을까? 저 나무는 어떻게 치료해야 살아나는 거지? 정말 답답해.'

강전유는 병든 나무를 어떻게 치료해야 하는지 알 수가 없어 막막했습니다.

'누구한테 물어본담? 물어볼 사람도 없으니……. 책이라

도 찾아봐야겠어.'

하지만 나무 치료에 대한 관심이 이제 막 싹트기 시작할 때였기 때문에 참고할 만한 책도 마땅치 않았어요. 도움을 청할 곳도 없었지요. 병의 원인을 밝히는 일부터 적절한 치료법을 찾아내는 일까지 모든 것이 강전유 혼자 풀어야 할 숙제였습니다.

'이렇게 주저앉아 있을 수만은 없어. 어떻게 해서라도 병의 원인을 찾아내야 해.'

직접 몸으로 부딪치는 경험만큼 좋은 선생님은 없었어요. 하루하루 병든 나무들을 만나러 다녔지요. 그러다 보니 강전유는 나무들을 점점 더 많이 알아 가게 되었습니다.

'원인이 밝혀지지 않은 질병들로 이렇게 죽어 가다니……. 원인은 밝혀졌지만 그 치료법이 없다니……. 이렇게 나무들이 죽어 가야 하다니…….'

강전유는 치료법을 찾기 위해 연구실에서 병든 나뭇가지와 해충들과 씨름하며 밤을 새우는 일이 잦아졌습니다.

어느덧 강전유는 임업연구원에서 병충해 전문가로 서서히 자리를 잡아 가기 시작했습니다. 그러던 어느 날 기관장님께서 강전유를 불렀습니다.

"강 연구원, 아까 말했던 국회의원 집에 가 보게나."

'지난번에는 장관 집에 갔었는데 이번에는 또 국회의원 집이라니.'

강전유는 기관장님께 그 이유를 물어봤어요.

"왜 거길 가야 하는 건지……."

"우리가 뻔히 나무 병충해 전문가라는 걸 알고, 집에 와서 봐 달라고 하는데 어떻게 거절하겠나. 한번 봐 주고 오게나."

강전유는 할 수 없이 국회의원 집에 찾아갔습니다. 산속에 아주 멋들어지게 지은 집이 있었어요. 집 안에 들어가서 보니 흰불나방벌레가 정원에 있는 나무들을 다 먹어 버려 시들시들해진 상태였어요. 나무에 약을 뿌려야만 하는 상황이었지요.

그런데 집이 산꼭대기에 있어서 약을 뿌리려면 산 밑에 있는 공동 수돗가에 내려가서 물을 길어 와야 했어요. 그것도 몇 번을 왔다 갔다 해야 했어요. 집집마다 수도가 없었기 때문에 정해진 시간에 물이 나오는 공동 수돗가에 가서 물을 길어 와야 했던 거예요.

강전유는 갑자기 물을 길러 산 밑으로 내려가기 싫었어요. 회사 일도 아니고 공무원이 개인 집에서 일을 한다는 생각이 문득 싫었기 때문이었습니다. 그래서 일 보는 사람에게 말했어요.

"이 나무 죽었으니 베어 버리세요."

그러고는 집으로 휑하니 돌아왔습니다. 다음 날 사무실에 출근해 보니 기관장이 강전유를 부르는 게 아니겠어요.

"어제, 나무를 베라고 말했다면서요?"

강전유는 속으로 뜨끔했어요.

"예? 저어……, 흰불나방이 나무를 다 먹어서 살 가망이 없었습니다."

"허허, 그렇다고 베라고 하다니. 자네 마음은 알겠네만

어쩔 수 없지 않나. 사람들이 자기 집 마당에 심는 나무들이 점점 많아지고 있다네. 큰 회사나 기업들도 나무를 많이 심고 있고. 그 많은 나무들이 병이 들면 누군가는 치료해 줘야 할 텐데, 나무를 치료할 줄 아는 사람들이 없으니 어쩌겠는가."

기관장은 강전유에게 난처한 표정을 지으면서 말했습니다. 그제야 강전유도 기관장님이 장관 집이나 국회의원 집에 가서 나무를 치료해 주고 오라고 했던 이유를 알게 되었습니다.

사실 임업연구원은 나무를 전문으로 치료하는 곳은 아니었어요. 우리나라 나무들이 병에 걸리면 무엇 때문에 병에 걸리는지 그 원인과 치료 방법을 연구하고 분석하는 곳이었지요. 공무원이 개인적으로 나무를 치료할 수는 없는 곳이었어요.

강전유는 곰곰이 생각했습니다.

'누군가는 나무들을 꼭 치료해야만 해. 하지만 우리 주위에는 나무 치료하는 사람이 아무도 없어. 내가 그 일을 해 보는 건 어떨까? 원인만 분석하는 게 아니라 직접 나무 한 그루라도 치료하고 살리는 일을 해 보는 거야. 사람이 아프면 의사가 치료해 주고 동물도 아프면 수의사가 치료해 주잖아. 나무도 아프면 나무를 고쳐 줄 나무 의사가 필요한 거라고.'

 귀댁의 나무는 안녕하십니까?

  1976년 강전유는 산림과학원(옛 임업연구원) 일을 그만두었습니다. 15년 동안 다니던 직장을 그만둔다는 일은 쉬운 일이 아니었어요. 하지만 병든 나무를 치료하는 일을 전문으로 하기 위해서는 어쩔 수 없는 선택이었죠.

  강전유는 나무 치료를 위해 국내에서는 처음으로 '나무종합병원'을 세웠습니다. 한국에서는 물론이고 세계에서도 처음 생긴 나무 병원이었습니다. 정원사나 원예가들이 나무 치료를 같이 하고 있었기 때문에 나무 전문 병원은 따로 없었지요.

강전유의 나이 마흔한 살 때였어요. 처음에는 많이 망설였지요. 안정된 공무원직을 그만두고 혼자 해야 하는 사업이었으니까요.

'돈을 벌 수 있을지 없을지 장담할 수 없어. 하지만 나무의 질병과 치료법에 대해 좀 더 열심히 연구하고 싶어. 나무들이 점점 많아지고 있어서 나무를 치료하는 사람이 꼭 필요해질 거야.'

강전유는 종로 5가 사무실 귀퉁이를 빌려 '나무종합병원' 간판을 내걸었습니다. 그만둘 때 마지막 봉급이 4만 7천 원이었어요. 퇴직금은 50만 원이 조금 넘었지요. 그 돈으로 나무 병원을 차렸지요. 사무실 한쪽에 합판으로 만든 가림 벽을 친 조그만 방이었어요. 옆방에서 나는 소리도 들릴 만큼 허름한 사무실이었지요.

"아니, 왜 멀쩡한 공무원을 그만두고 저렇게 궁상맞게 혼자 사무실을 차렸대?"

강전유를 아는 사람들은 나무 병원을 차린 강전유를 이해하지 못했습니다. 정신 나간 일이라 생각하는 사람들도 많았어요. 강전유는 그런 소리들은 한 귀로 듣고 한 귀로 흘렸어요. 오로지 자기가 선택한 일을 하기로 마음먹었습니다.

나무가 병들면 뽑아 버리면 된다는 생각이 아직 많았을 때였지요. 사람들은 병든 나무를 치료하는 것을 부자들의 사치스러운 취미쯤으로 생각했어요.

나무 병원이 있는 종로 5가에는 길거리에서 좌판을 벌여 놓고 장사를 하시는 분들이 많았어요. 그분들은 나무 병원의 주인인 강전유를 곱게 보지 않았지요.

"혹시 이 근처에 나무 병원이 어디 있는지 아십니까?"

나무 병원의 위치를 물어보는 사람들이 있으면 콧방귀를 뀌기 일쑤였어요.

"아니, 돈이 없어서 병원 못 가는 사람이 수두룩한데 나무를 치료하는 나무 병원이라니! 말도 안 돼. 나는 몰라요, 그런 병원."

나무 병원 위치를 물어보던 사람은 괜히 아무 이유 없이 욕을 먹었답니다. 나무 병원이 잘 알려지지 않았기 때문에 알음알음으로 찾아온 사람들이었어요.

나무 병원 문을 열고 5년이 지났어요. 소개로 찾아오는 몇몇 사람들을 빼고 일부러 오는 사람들은 거의 없어 나무 병원은 파리만 날렸습니다. 아무리 노력을 했지만 그동안 나무 병원의 수입은 거의 바닥이었어요.

"여보, 이것 좀 보세요. 세무서에서 뭐가 날아왔어요."

부인이 서류 봉투를 내밀었어요. 강전유는 세무서에서 날아온 서류를 열어 보았지요. 그 안에는 5년 동안 수입이 없었으니 폐업을 하라는 내용이 적혀 있었어요.

"5년이나 했는데 수입이 없잖아요. 이제 다른 일을 해 보는 건 어때요?"

답답하게 생각한 부인도 걱정하며 말했습니다. 하지만 강전유는 다음 날 집에 있던 손수레를 끌고 사무실로 향했어요. 사무실이 좁아서 집에 두었던 손수레였어요. 강전유는 사무실에 있는 동력 분무기를 손수레에 실었어요. 동력 분무기 안에는 나무를 치료할 약품이 들어 있었지요.

　강전유는 손수레를 끌고 성북동 언덕길을 올랐습니다. 담장 너머로 보이는 나무들 사이에 병든 나무가 보이면 무작정 초인종을 눌렀어요.

"누구세요?"

"저, 정원에 있는 나무가 병이 들었는데 치료하셔야 될 것 같은데요."

"누구세요?"

"네……, 지나가는 사람입니다만."

"됐거든요. 저희 집 정원 관리하시는 분 있어요. 별꼴이야. 남의 집 나무를 왜 신경 쓰고 난리세요?"

　집주인은 누군지도 모르는 사람이 자기 집 정원의 나무를 치료해야 한다고 하니 화를 냈어요. 강전유는 또다시 손수레를 끌고 가던 길을 갔지요.

　'안 되겠다. 여러 사람에게 알려야지. 안내문이 들어간 광고지를 만들어야겠어.'

다음 날 강전유는 광고지를 만들어 다시 성북동과 장충동 언덕길을 올라갔어요. 동력 분무기를 실은 손수레를 끌고 말이에요.

> 귀댁의 나무는 안녕하십니까?
>
> 나무가 시들시들합니까?
> 벌레가 먹어 누렇게 변했다고요?
> 도대체 그 이유를 모르겠다고요?
> 걱정하지 마세요.
> 나무 병원의 의사가 달려가겠습니다.
>
> – 나무종합병원 ☎ 02-2202-0901

안내문을 돌려 봐도 반응은 시원찮았습니다. 그래도 강전유는 나무의 질병에 대해 연구하는 것을 게을리하지 않았어요. 병균을 보려면 현미경이 필요했어요. 하지만 현미경은 너무 비쌌습니다. 강전유는 현미경의 부품들을 샀어요. 부품을 사서 조립을 하면 훨씬 쌌으니까요. 강전유는 현미경의 부품들을 따로 샀고, 몸체는 직접 만들었어요. 강전유식 현미경이었지요.

  수입은 거의 없었어요. 하지만 강전유는 나무 질병에 대한 연구를 계속했지요. 안내문을 만들어 돌리는 일도 게을리하지 않았어요. 자기가 결심한 일은 조금도 흔들림 없이 진행했습니다.

  "저 양반이 서울대학교 나왔다면서? 어디 연구직 공무원이었다면서?"

  "그래. 그런데 저렇게 손수레를 끌고 다니는 것 좀 봐."

  주위에 있는 상인들도 강전유의 끈기 있는 행동에 조금씩 마음을 열기 시작했지요.

강전유는 길을 가다가도 병충해에 찌들어 시름시름 앓고 있는 나무들을 보면 안쓰러운 마음이 들어 저절로 발길이 멎었어요.

1978년 여름, 드디어 강전유에게 첫 외과 수술을 할 수 있는 기회가 왔습니다. 이 나무는 세상에서 희귀한 나무 가운데 하나였습니다. 경주시 옥산서원에 있는 중국주엽나무였어요. 천연기념물 115호로 지정된 나무였지요. 강전유는 치료도 하기 전에 부담이 너무 컸어요. 나무종합병원이 맡은 최초의 사업인 데다가, 나무는 노쇠할 대로 노쇠해져 있었기 때문이었지요.

게다가 이 주엽나무를 처음 딱 본 순간 실망할 수밖에 없었어요. 나이에 견주어 나무 상태가 너무 좋지 않았기 때문이었지요. 밑기둥이 썩어서 땅속으로 구멍이 뻥 뚫려 있었는데, 그 안으로 사람이 들어가 움직일 수 있을 정도였어요.

'외과 수술을 할 수 있을까? 뿌리까지 썩었네. 흔들면 넘어갈 정도로 나무가 약해져 있어. 원줄기는 부러져서 없어졌고. 땅 위로 올라온 가지 두 개만 살아 있으니 자칫 잘못하면 더 안 좋아질 수도 있어. 어쩌지?'

강전유는 걱정이 많이 되었습니다. 최악의 경우에 나무가 죽기라도 한다면 나무 병원의 가치는 땅에 떨어지는 것이었지요. 문을 닫게 될 수도 있었습니다.

'하지만 반대로 생각해 보자. 남들이 어렵다고 생각하는 일을 훌륭하게 마무리 지으면, 주위에서 우리 나무 병원의 가치를 제대로 인정할 수 있을 거야.'

강전유는 최선을 다하기로 마음먹고 치료할 준비를 했습니다. 그런데 이게 웬일입니까? 공사를 한창 진행하고 있는데 태풍이 불기 시작하는 게 아니겠어요.

'태풍 때문에 잘못하면 나무가 넘어갈 수도 있어.'

강전유는 무척 당황스러웠습니다. 외과 수술은커녕 태풍으로 나무가 넘어지지 않을까 걱정하느라 속이 타들어 갔습니다. 밤이 되었습니다. 비가 몰아치는 상황에서 안절부절못하고 있던 강전유의 마음은 어느새 중국주엽나무 옆으로 발길을 옮겼습니다.

'제발 넘어지지 마라. 네가 넘어지면 외과 수술이고 뭐고 다 엉망이 된다. 제발 쓰러지지만 마라. 제발…….'

강전유는 밤을 새워 기도하였어요.

'하느님, 나 좀 봐주세요. 저 나무를 살릴 수 있도록 제발 도와주세요.'

기도의 덕택인지 운이 좋아서인지 태풍은 무사히 지나갔습니다. 다행이 외과 수술을 할 수 있게 되었지요. 방부

처리도 하고, 습기 방지를 위해 석회 처리도 하고, 구멍 난 곳을 메워 주기도 하였습니다. 수술은 다행히 성공적이었어요.

수술을 마치고 나무줄기에 주사를 놓을 때였어요.

"어허, 나무가 주사를 다 맞네. 남는 거 있으면 우리도 한 방 놔 주지 그러나."

"그러게, 사람도 맞기 힘든 영양 주사를 저렇게 맞고 있으니 호강하는 나무네그려."

동네 어른들이 수군거리며 부러워하였습니다. 강전유는 이마에 맺힌 땀을 닦으며 주엽나무가 오래오래 장수하기를 바랄 뿐이었어요.

'고맙다, 나무야. 살아 줘서…….'

 배짱 좋은 환자들

나무 병원을 시작한 지 6, 7년이 지났어요. 문을 열고 5년까지는 수입이 거의 없다시피 하던 나무 병원도 알려지기 시작하면서 서서히 유지되기 시작했지요. 강전유의 나이도 마흔일곱이 되었습니다.

한번은 이런 어려운 일도 있었답니다.

"기사님, 부탁입니다. 제가 이 나무를 꼭 가져가야 해요."

강전유는 버스 기사에게 사정을 했습니다.

"여보세요. 손님들 타기도 비좁은데 어떻게 나무를 싣는단 말입니까?"

버스 기사는 나무를 들고 타려는 강전유를 이상한 사람으로 취급했어요.

"제가 나무 의사입니다. 이 나무가 병이 들었어요."

"나무 의사요? 태어나서 그런 말 들어 보지도 못했네."

"이 나무를 꼭 가져가야만 합니다. 왜 병이 들었는지 조사해야 하거든요. 그래야 다른 나무들도 살릴 수 있습니다. 제발 부탁입니다."

강전유는 가끔 병든 나무를 사무실로 가지고 와야 할 때가 있었어요. 트럭 같은 큰 차나 자가용이 없었기 때문에 버스에 싣고 와야 했지요. 그럴 때면 강전유는 버스 기사에게 사정을 해야 했지요. 버스에 나무 싣는 것을 좋아할 기사는 단 한 명도 없었으니까요.

"허허, 이것 참. 할 수 없네요. 그 대신 한 사람 요금이나 더 내세요."

"내고말고요. 감사합니다. 정말 감사합니다."

이렇게 해서 간신히 버스를 타고 마장동에 내리면 사무실까지 나무를 가져가는 것도 문제였어요. 아는 사람한테 손수레를 가지고 나오라고 하고는 또 기다리는 거예요. 손수레가 오면 그제야 나무를 싣고 사무실로 갔지요.

드디어 사무실에 병든 나무가 도착하면 강전유는 손수 만든 현미경으로 들여다보며 밤을 새웠어요. 나무가 왜 병이 들었는지 알아내기 위해 열심히 연구하고 분석했어요.

이렇게 밤이나 낮이나 노력한 결과, 나무종합병원 강전유의 나무 치료는 점점 널리 알려지게 되었습니다. 환자들도 대부분 천연기념물이나 보호수, 혹은 희귀한 나무들이었어요. 정이품 소나무를 비롯해 충남 예산군 추사 김정희 선생님 생가의 흰 소나무인 백송(천연기념물 제106호), 제주시 왕벚나무(천연기념물 제159호), 전라남도 송광사 천지암의 팔백 년 된 쌍향수(천연기념물 제88호) 등 수많은 나무들이 강전유의 수술로 건강을 되찾게 되었습니다.

환자가 나무이기 때문에 의사가 왕진을 가야 한다는 것만 빼면 나무종합병원은 일반 병원과 크게 다르지 않았습니다. 진료 과목도 소아과, 산부인과, 외과, 내과 등 없는 게 없었어요.

조그만 초본 식물과 줄기가 연하고 물기가 많은 어린 나무인 묘목 등을 치료하는 소아과가 있고요. 품종 개량을 위해 나무를 접붙여서 묘목을 만들고 꽃을 피우는 산부인과도 있어요. 썩거나 벌레 먹은 부분을 잘라 내고 새 껍질

을 덮어 주는 외과도 있지요. 또 뿌리나 잎사귀에 옮긴 병을 치료하고 새살을 돋게 하는 내과까지 있어요.

사람들을 치료하는 의사는 전공 분야가 따로 있어서 각자 자기 분야만 치료하면 되지만, 나무 의사는 혼자 나무 전체를 다 치료해야 해요. 진료실에는 단 한 번도 환자가 찾아온 적이 없었지요. 나무는 정말 배짱 좋은 환자랍니다.

가벼운 감기 기운이 있을 때 사람들이 약을 먹는 것처럼 병의 증세가 가벼운 나무에게는 약제를 뿌리거나 뿌리 주사를 놓는 처방을 했습니다.

영양실조로 고생하는 나무에게는 여러 가지 영양제가 섞인 주사를 놓았습니다. 영양제를 맞는 나무를 보면 그 모습이 사람과 비슷했지요.

병의 증세가 심할 때는 바로 외과 수술도 했습니다. 외과 수술은 썩은 부분을 잘라 내고 긁어내는 수술입니다. 그래서 수술 후에 구멍이 나거나 흉터가 남지요. 그전에는 주로 시멘트로 땜질을 했어요. 하지만 시멘트로 땜질을 할 경우, 비가 오면 틈새로 물이 스며들어 나무가 뜨고 썩는

문제가 있었어요.

 외과 수술을 할 때마다 이것이 자꾸 마음에 걸렸던 강전유는 인공 나무껍질을 만들게 되었습니다. 인공 나무껍질은 코르크로 만든 것이었지요. 코르크는 사실 나무껍질의 성분이에요. 물을 흡수하지 않는 성질을 가진 코르크 가루를 재료로 해서 인공 나무껍질을 만들어 흉터 부위에 발라 주는 방법이었어요. 나무를 치료한 다음에 코르크 칠을 해

놓으면 물이 들어가지 않았어요. 그러면 벌레들의 피해를 받지 않지요. 왜냐하면 코르크는 벌레들이 좋아하는 영양분이 없었기 때문이에요. 일본 사람들도 이것을 보고 깜짝 놀랐습니다.

　강전유는 이 '인공 나무껍질'을 만든 기술로 1982년 5월 특허까지 받게 되었습니다.

　나라에서 관리하는 나무를 치료하려면 여러 기업이나 회사에서 입찰을 해야 했습니다. 입찰이란 공사 계약을 하기 위해 경쟁자들이 각자 조건을 문서로 제출하면, 그중에서 공사를 맡길 사람을 정하는 것을 말해요.

　그런데 그 당시에는 나무 치료하는 데 어떠한 자격증도 필요 없었어요. 나라에서 나무를 치료하겠다고 공고가 나게 되면 자격이 안 되는 사람도 아무나 나무를 치료하겠다고 몰려들었지요. 강전유는 나무를 치료할 줄 모르는 사람들이 돈벌이로 입찰하는 것을 보면서 무슨 방법이 필요하다고 생각했습니다.

"입찰을 할 때 특허 같은 게 있으면 계약서를 쓸 때 유리합니다."

강전유의 실력을 익히 알고 있는 사람들이 말해 주었어요. 그래서 강전유는 인공 나무껍질 만드는 기술을 가지고 특허를 내게 된 것이었답니다.

'나무는 아무나 치료해도 좋다고 생각하는 사람들이 문제야. 나무를 치료할 수 있는 자격증이 있으면 좋을 텐데.'

강전유는 꼭 자기가 아니어도 누구든 전문가들이 제대로 나무를 치료하길 원했습니다.

강전유는 오지 않는 환자를 찾아다니느라 일주일에 몇 번씩 출장 가는 것도 마다하지 않았습니다. 진료실에는 신발마다 흙투성이인 신발들이 몇 켤레씩 있었지요.

"아빠, 왜 팔목에 흰색 줄이 그어져 있어요?"

"이거? 시계 찬 곳만 빼고 햇볕에 타서 그렇지."

강전유는 햇볕이 내리 쪼이는 바깥에서 작업을 많이 했기 때문에 손목시계를 찬 팔목만 타지 않아 마치 흰색을 그어 놓은 것처럼 보였어요. 아내는 하얀 시계 자국이 남

아 있는 남편의 팔목을 보고 마음이 아팠어요.

"편한 직장 그만두고 그게 뭐예요. 바깥에서 나무 치료 하느라 햇볕에 온몸이 까맣게 그을렸잖아요. 까마귀들이 형님 하고 달려오겠어요."

아내는 걱정을 했지만 그래도 강전유는 나무 환자를 찾아다니며 치료하는 게 무엇보다도 즐거웠습니다.

 ## 나무를 치료할 수만 있다면 무슨 일이라도

"아니, 이게 무슨 개뼈다귀 같은 말이야? 당산나무 가지를 자르겠다니? 손톱만큼이라도 상처를 냈다간 경을 칠 줄 알아! 이 나무가 어떤 나무인 줄이나 알아? 우리 마을을 지켜 주는 신목이라고, 신목!"

"저 나무 건드려서 멀쩡한 사람 못 봤우. 당신 때문에 우리 마을 부정 타면 그땐 어쩔 거요!"

"재작년에 저 나뭇가지 자른 사람, 아마 병신 됐을걸."

"그렇다마다. 아마 작년에도 한 사람 황천길 갔다고 하던걸."

마을 어르신들은 나무 둘레에 둘러서서 노발대발하며 강전유에게 으름장을 놓고 있었습니다.

"당산나무는 신령이 깃들어 있어서 제사를 지내는 나무란 말이야! 마을을 지켜 주는 그런 나무를 함부로 만져서는 절대 안 돼! 부정 타면 어쩌려고 그래!"

강전유는 병든 당산나무를 치료해 달라는 부탁을 받고 어느 마을에 들렀던 거예요. 하지만 나이 많은 마을 어르신들은 나무를 둘러싸고 강전유를 얼씬도 못 하게 했어요. 버럭버럭 소리만 지르며 혼을 내고 있었지요.

"어르신, 저 나무를 보십시오. 누렇게 죽게 생겼습니다. 그냥 이대로 놔두면 정말 쓰러지고 말 겁니다."

"에헴……."

"당산나무는 절대로 손대면 안 된단 말이야."

"그럼, 알겠습니다. 고치지 않고 돌아가겠습니다. 그런데 한 말씀만 해 주십시오. 당산나무가 병들어 죽게 되면 어르신들 말씀대로 정말 더 큰일이 날지도 모릅니다. 이 나무가 넘어져서 사람들이 다치거나 죽고, 동네에 재앙이 오면 어르신들이 책임지시겠습니까? 나라의 보호수로 정해진 나무가 쓰러지기라도 하면 책임을 지셔야 합니다!"

"……."

노발대발하던 마을 어른들은 그제야 잠잠해지기 시작했어요. 강전유의 말을 듣고 보니 아무리 당산나무라고 해도 치료하지 않고 내버려 두었다가 정말 죽게 되거나 쓰러지면 더 큰일 날 것 같았지요.

"알았네, 알았어. 그럼 조심조심 다루게나. 이건 우리 마을을 지켜 주시는 당산나무라고."

"예, 잘 알겠습니다. 어르신들. 열심히 치료해서 건강을 되찾을 수 있도록 해 보겠습니다. 염려 놓으세요."

강전유는 최선을 다해서 나무를 돌보았고 병든 나무는 드디어 다시 살아났지요. 튼튼하게 살아난 당산나무를 보고, 마을 어르신들은 정말 기뻐했습니다. 마을 젊은이들은 강전유에게 고마운 마음에 떡이며 과일까지 보내 주기도 했어요.

'해야 할 일을 했을 뿐인데 이렇게 선물까지 보내시다니.'

강전유는 사람들이 자기의 마음을 알아주니, 그동안 힘들었던 일들을 싸악 잊어버릴 수 있었어요.

또 한번은 이런 일도 있었습니다.

1980년 전남 순천에 있는 송광사의 팔백 년 된 쌍향수를 치료할 때였어요. 쌍향수는 향나무 두 그루가 쌍둥이처럼 생겼다고 해서 붙여진 이름이랍니다.

이 향나무는 천연기념물 제88호로 지정된 나무예요. 나무의 나이는 팔백 살이나 되었지요. 높이가 12미터이고 둘레가 각각 5미터, 3.4미터로 우리나라에서 가장 아름다운 모양을 하고 있는 향나무입니다.

향나무는 강한 향기를 지니고 있는 나무예요. 그래서 제사 때 향료로 쓰이거나 정원수, 공원수로 많이 심는 나무랍니다. 송광사 향나무는 두 그루가 쌍으로 나란히 서 있고 줄기가 몹시 꼬인 신기한 모습을 하고 있어요.

특이한 모습을 한 오래된 나무이기 때문에 가치가 뛰어나 천연기념물로 지정해서 보호하고 있었지요. 이런 귀한 향나무가 잎이 누렇게 변하고, 나무의 생김새마저 이상하게 변했던 거예요. 나무는 약해질 대로 약해져 있었지요. 한시라도 빨리 외과 수술을 해야 했고 치료도 시작해야 했어요. 그런데 노스님께서 갑자기 강전유에게 다가와 심각한 얼굴로 이렇게 말하는 게 아니겠어요.

"쌍향수를 치료하시려면 목욕재계를 하셔야 합니다."

"네? 그게 무슨 말씀이신지요?"

"이 나무를 치료하시려면 마음을 정갈하게 하고 염불을 하듯이 정성을 들여야 한다는 말이지요. 나무아미타불 관세음보살."

"스님, 꼭 목욕재계를 해야 한단 말입니까?"

"네, 꼭 그렇게 해 주셔야 합니다. 그러지 않으면 쌍향수 근처에는 얼씬도 하지 말아 주세요."

목욕재계는 제사나 중요한 일을 할 때 몸을 깨끗이 하고 마음을 가다듬는 것을 말해요. 노스님은 오래된 향나무를 정성을 다해 치료하라는 뜻으로 목욕재계까지 하라고 하신 거예요. 강전유는 어떻게 해야 할지 고민이 되었어요. 스님의 말씀을 따르자니 너무 힘들 게 뻔했고, 말씀을 따르지 않자니 나무를 치료할 수 없었으니까요. 한참을 생각하던 강전유는 스님에게 말씀 드렸어요.

"알겠습니다. 목욕재계를 하겠습니다. 어디서 하면 되겠습니까?"

"암자 뒤로 돌아가면 계곡물이 있으니 그곳에서 하시면 됩니다. 보름은 하셔야 합니다."

"네에? 15일 동안이나 목욕재계를 해야 한단 말인가요?"

강전유는 깜짝 놀라 눈을 동그랗게 뜨고 물었어요.

"네. 그렇게 해 주셔야 합니다."

스님은 한 치도 물러섬이 없었습니다. 강전유는 마른침을 꿀꺽 삼켰습니다.

'아, 이 일을 어쩌지? 여기서 물러갈 수도 없고……. 으

음, 할 수 없지. 스님의 뜻대로 할 수밖에.'

강전유는 쌍향수를 치료하는 보름 동안 매일 아침 꼬박꼬박 목욕재계를 하였습니다. 물론 쌍향수를 잘 치료한 다음 스님은 강전유에게 감사의 인사를 아끼지 않으셨지요. 스님이 좋아하시는 모습을 보니 강전유는 차가운 계곡물에서 고생한 것도 다 잊을 수 있었어요. 나무를 치료하는 일뿐만 아니라 준비하는 과정에서도 이렇게 생각하지 못한 힘든 일들이 많았습니다.

우리나라에서 가장 키가 크고 동양에서 제일 나이가 많은 용문사 은행나무를 치료할 때도 어려움이 많았어요. 용문사는 경기도 양평군에 있는 절이에요. 용문사 안에는 우리나라에서 가장 오래된 은행나무가 천연기념물 제30호로 지정되어 있어요.

이 은행나무의 나이는 약 천백 살이 넘었고 키는 60미터에 둘레만 해도 15.2미터나 된답니다. 용문사 은행나무는 나라에 좋지 않은 일이 일어날 때마다 큰 소리로 울어 위험을 미리 알렸다는 얘기가 전해지고 있어요. 조선의 마지막 왕인 고종이 돌아가셨을 때에도 가지 한 개가 부러졌다고 합니다.

신라의 의상대사가 짚고 다니던 지팡이를 꽂아 놓은 것이 자라서 나무가 되었다는 전설이 전해지기도 하지요. 나무를 자르려고 톱을 대었는데 그 자리에서 피가 났다는 이야기도 있고요. 또 일본군이 용문사에 불을 질렀는데 이 나무만 타지 않았다고도 합니다.

"이 은행나무는 천 년 동안이나 꿋꿋하게 잘 살아왔어. 참 대단한 나무야."

사람들은 이 은행나무를 보며 감탄을 했지요. 그런데 1983년 문화재청의 요청으로 나무를 진단하러 강전유가 용문사로 갔습니다. 긴 세월을 살아온 은행나무는 가지가 부러져 있었고 나무의 표피가 벗겨지고 찢어져 있었어요. 강전유는 은행나무가 외과 수술이 필요하다고 설명했지요. 그런데 안타깝게도 그때는 여러 가지 이유로 치료를 할 수 없었답니다.

그러다가 1991년 강풍으로 큰 가지가 부러진 다음에야 정식으로 외과 수술을 하게 되었어요. 그런데 문제가 있었어요.

"치료를 하러 사람이 나무에 올라갈 수 없잖아. 높이가 60미터야. 가지가 너무 굵고 큰 것도 문제지."

강전유는 수술을 하기 위해 50미터나 되는 지지대를 설치할 수밖에 없었어요. 지지대만 설치하는 데 그 당시 돈으로 천팔백만 원이나 들었으니 기록에 남을 정도였지요. 강전유는 2년에 걸쳐서 정성껏 치료를 했습니다. 그 뒤 은행나무는 지금까지 잘 살고 있답니다.

강전유는 나무를 치료할 수만 있다면 무슨 일이라도 달게 받아들였습니다. 어디를 가든 나무가 가장 먼저 눈에 들어왔어요. 특히 병에 걸려 비실비실한 나무는 눈에 더 잘 띄었지요. 병든 나무를 보면 그냥 지나칠 수 없었어요. 주인에게 알려도 주인은 고마워하기는커녕 되레 핀잔을 주기도 했지만 말이에요.

하지만 강전유는 그런 일을 멈출 수가 없었습니다.

'병든 나무를 치료한 다음에 나무가 얼마나 생생하게 살아나는지, 얼마나 아름다워지는지, 그걸 상상하면 저절로 기분이 좋아져.'

 **돌팔이 나무 의사들 때문에**

　강전유는 나무에 대해 잘 알지도 못하는 사람들 때문에 귀한 나무가 죽어 가는 것을 볼 때마다 답답했어요. 일찍 발견하면 거의 대부분 치료가 가능한데도 사람들이 몰라서 치료도 못 받고 쓰러지는 나무를 보면 너무나 안타까웠지요.

　'병이 들면 저절로 낫는 게 아닌데……. 적당히 물만 주고 햇볕만 쬐게 한다고 나무가 저절로 낫는 게 아닌

데……. 사람이나 동물처럼 나무도 앓고 있는 병이 많은데……. 병을 고칠 자격이 있는 나무 의사에게 제대로 치료받게 할 수는 없을까?'

강전유는 틈나는 대로 전국 시, 군청 산림과에 자료를 보내고 만나는 사람마다 이야기를 전했습니다.

"사람을 치료하는 의사는 자격이 있어야 합니다. 동물을 치료하는 수의사도 자격이 있잖아요. 나무를 치료하는 사람도 자격이 있어야 한다고요."

하지만 산림청 사람마저도 강전유의 생각을 이해하지 못했지요. 그럴 때마다 강전유는 직접 찾아가서 의견을 전달하기도 했어요.

"한번 생각해 보세요. 만약에 나무를 제대로 알지도 못하는 돌팔이 의사에게 귀한 천연기념물 나무가 맡겨졌다고 생각해 보시라고요. 그건 의사 자격증이 없는 사람이 환자를 수술하는 것과 같은 겁니다. 나무를 치료하는 사람들도 나무 의사 자격증이 있어야 합니다."

강전유가 무려 5년 동안 산림청과 법률 사무소를 오가며 열심히 설득한 결과 1995년부터 '문화재 수리 기술자' 자격시험이 치러졌어요. 1999년부터는 '수목 보호 기술자' 자격시험도 치러지게 되었지요.

강전유는 우리나라에서 이 두 가지 자격증을 가장 먼저 딴 사람이 되었습니다.

'나무 치료에 대해 더 널리 알려야 해.'

강전유는 나무 치료에 대한 홍보가 필요하다고 생각했어요. 그래서 나무 치료 전도사가 되기로 마음먹었습니다. 강전유는 다시 전국 시, 군청 산림과에 자료를 보냈지요. 계절에 따라, 나무 종류에 따라 자주 발생하는 나무의 질병과 증세 그리고 치료법을 소개한 자료였어요.

"먹고 살기도 바쁜데 나무 치료는 무슨 나무 치료! 쓸데없는 짓이지."

이렇게 강전유를 헐뜯는 사람도 있었어요. 하지만 강전유는 자기 주머니를 털어 가며 그 일을 꾸준히 했습니다. 그러다 보니 강전유에게 병든 나뭇가지를 보내 무슨 병인지 진찰해 달라고 하는 사람들도 생겨났어요. 차츰 문의

전화도 늘어 갔지요.

2001년 12월 강전유는 나무를 보호하고 치료했던 30여 년간의 자료를 바탕으로 《수목치료의술》이라는 책을 펴냈습니다. 30여 년간 우리나라의 온 산을 누비며 땀과 정성으로 기록해 온 화보와 자료들이었습니다. 나무의 질병과 그 원인, 증상, 치료법까지 마치 현장에서 치료하는 느낌이 들 만큼 생생하게 실린 책이었어요.

처음 이 일을 시작했을 때 물어볼 사람도, 참고할 만한 책도 없었던 어려움을 생각해서 만든 책이었지요. 또 그동안 수많은 나무를 치료하면서 느꼈던 여러 가지 과정들을 실은 《나무 치료 이야기》, 《나무 충해 도감》, 《나무 병해 도감》 등의 책들도 썼어요. 책뿐만 아니라 수많은 자료들도 남겼습니다.

"후배들은 나처럼 힘들게 발 동동 구르면서 어려움을 겪지 않았으면 좋겠어요."

후배들을 사랑하는 강전유의 마음이 느껴지는 자료들이었어요. 강전유는 틈만 나면 나무 치료에 대해 알렸어요.

"나무 치료는 제일 먼저 어느 부분에 이상이 생겼는지를 알아내는 게 중요합니다. 병원에 가면 의사 선생님이 진단을 하듯이 나무도 진단부터 시작됩니다. 나무의 병도 사람과 크게 다르지 않아요."

"잎의 크기가 작아지거나 전처럼 윤기가 흐르지 않으면 나무가 아프기 시작한 겁니다. 나무 치료의 첫째는 이미 죽은 부분이나 병균에 오염된 부분을 잘라 내고 살균 처리하는 거예요."

"사람에게 링거 주사를 놓듯이 적절한 치료를 하기도 합니다. 가벼운 증세에는 약제를 뿌려 주거나 뿌리나 땅에 주사를 놓는 것으로 끝날 수 있지만, 심한 경우에는 외과 수술에 들어갑니다."

강전유는 나무 치료를 위해 북한에도 두 번이나 다녀왔습니다. 1999년 4월과 2000년 6월이었어요. 금강산 소나무 숲에 큰 피해를 입히고 있는 솔잎혹파리 때문이었지요. 나무에 있어서만큼은 누구나 강전유에게 의견을 구할 정도로 전문가였습니다.

한반도 구석구석을 누비며 강전유가 이제껏 치료한 나무는 150만 그루가 넘습니다. 그러다 보니 어느 지역에 어떤 나무가 있는지 손바닥 보듯 훤히 알게 되었지요.

'나무 박사'인 강전유가 밝히는 나무의 병충해는 3천 5백여 가지나 됩니다. 해충에 의한 것, 미생물에 의한 것이 있고요. 공해나 벼락, 태풍 등 자연환경 때문에 생기는 것이 있지요.

최근에는 자동차의 배기가스에서 나오는 아황산가스나 산성비 등 공해 때문에 다른 질병들이 더해져서 갈수록 이상한 병들이 생기고 있습니다.

"사람들이 얼마나 자연을 망가뜨리는지 반성해야 해. 나무도 아프면 사람처럼 아프다고 말을 한다고."

강전유는 오늘도 나무를 눈여겨봅니다.

"가끔 주택 건설을 한답시고 몇 백 년이나 되는 나무들

을 베어 내는 것을 볼 때가 있어. 그런 나무들을 볼 때면 속상하고 가슴이 아파. 도로나 집은 다시 만들어도 되지만 수백 년을 산 나무들은 다시 키울 수가 없잖아. 사람들보다 나무가 더 오래 사니까."

 ## 오히려 나무한테서 배우는 게 많아

  겨울을 지나 다음 해 여름까지 사시사철 잎이 떨어지지 않는 푸른 나무를 상록수라고 합니다. 사람들은 강전유 선생님을 인간 상록수라고 불러요.

  "나무를 살려야 사람도 살아. 나무가 제대로 살지 못하는 환경 속에서 인간이 어떻게 제대로 살 수 있겠어. 나무와 인간은 함께 살아. 나무가 죽으면 결국 사람도 죽을 수밖에 없는 거야. 식목일뿐만 아니라 항상 나무를 아끼는 마음을 가졌으면 좋겠어."

강전유 나무종합병원 원장님은 제9회 산의 날을 맞아 대통령 표창을 받기도 했습니다.
지금도 '나무' 하면 강전유 선생님을 찾는 사람들이 많지만, 이제는 나무종합병원에서 일을 배우다 독립한 후배들에게 일을 미루시지요.

"젊은이들이 좋아하는 직업은 아니야. 젊은이들은 힘든 일을 안 하려고 하거든. 또 젊은 사람들은 컴퓨터로만 모든 공부를 끝내려고 해. 직접 경험을 통해서 알아야 하는데 그런 것에는 소홀해. 하지만 책상머리에서 아는 건 한계가 있어."

"현미경을 볼 줄도 모르는 나무 의사가 있기도 해. 제대로 해야 하는데 돈 버는 데만 신경을 쓰지. 적당히 끝낼 생각은 하지 말아야 해요. 나무가 말을 못 해도 우리가 할 수 있는 건 최선을 다해서 치료하는 거야."

요즘 선생님은 나무 치료 말고도 대학에서 공부하는 학생들이나 공무원들에게 강의까지 하느라 더 바쁘시지요.

"몇 년 전에 강의하고 오다 보니 한쪽 팔이 말을 안 들어. 땀도 비 오듯 오고. 그래서 병원 응급실로 갔지. 협심증이라고 하더라고. 나무도 똑같아. 자세히 안 봐서 그렇지, 조금만 관심 있게 보면 어딘지는 몰라도 아픈 것은 알 수 있어."

강전유 선생님은 나무 병원을 자식들에게 물려주지 않고, 이제까지 함께 고생한 직원들에게 물려주고 있습니다. 나무 치료를 해 온 후배들을 아끼는 마음이 크시지요. 이런 선생님께서도 나무 의사로서 부끄럽게 생각한 것이 있었답니다.

"언젠가 외국에서 나무 전문가가 와서 함께 나무를 보러 간 적이 있었어. 나는 나무 아래서 고개만 빼고 올려다보고 있는데, 그 사람은 쓱쓱 무척이나 쉽게 나무를 타고 올라가더라고. 그제야 나무를 못 탄다는 게 부끄러웠어."

요즘 강전유 선생님은 주말에는 가까운 경기도 광주시 퇴촌면에서 농사를 짓고 계십니다. 고추, 감자, 상추, 배추, 쑥갓, 가지, 고구마를 심고 가꿉니다. 호미 들고 땅을 파고 농사짓는 즐거움을 느끼고 계시지요.

그 땅에서 나온 농작물은 잘 아는 시설에 나누어 주기도 하고요. 어찌 보면 선생님은 이제야 중학교 때 꿈꾸었던 농부의 멋진 삶을 살고 계신지도 모르겠습니다.

"남은 생을 흙에서 살고 싶어. 바람 소리 듣고 물소리 듣고 하늘 쳐다보며, 거슬림 없이 살아왔어. 나무를 오랫동안 치료하다 보니 오히려 나무한테서 배운 게 더 많아. 나무는 더우나 추우나 아프나 상관없이 늘 그 자리에 있으면

　서 많은 생명들을 품어 주잖아. 그렇게 살아도 오백 년 육백 년 끄떡없이 살잖아. 앞으로 꿈이 있다면 나무 병원이 더욱 활발하게 활동해서 생명을 지키는 일에 계속 앞장서 주길 바라는 거야. 생명을 품는 나무들처럼 말이야. 나도 나무 병원에서 지금처럼 쭉 나무들을 치료하고 더 일할 수 있으면 하는 게 꿈이지."

　선생님은 일흔여덟이라는 나이에도 한 그루의 나무를 살리기 위해 오늘도 바쁘게 움직이십니다.

 그게 나무의 인생이야.

  난 그게 참 좋아. 뭐든지 타고난 대로 사는 거, 자기 천성대로 사는 거, 자기 성격에 맞게 사는 거 말이야. 밖으로 나돌아 댕기는 거 좋아하는 사람한테 답답한 사무실 같은 데에서 일하라고 해 봐. 얼마나 힘들겠어. 조용히 혼자 있는 거 좋아하는 사람한테 밖에 나가서 하는 일을 시켜 봐. 얼마나 힘들겠냐고.
  내 인생은 내 인생이고, 네 인생은 네 인생이지.

그렇다고 서로 모른 척하고 살라는 말은 아니야. 자기 적성에, 자기 성격에 맞는 일을 해야 한다는 말이지. 엎질러진 물이라도 주워 담고 가야 해. 무슨 일이든 그렇게 해야 하는 거야.

난 강요하는 것도 싫어. 여태까지 자식들한테 공부하라는 말을 안 하고 살았지. 아내는 그런 나를 못마땅하게 생각하기도 했어. 자식들한테 관심을 안 갖는다고 말이야. 허허허. 하지만 공부가 필요하면 할 것이고, 필요하지 않으면 안 하겠지.

그걸 결정하는 것도 자기가 해야 하는 거야. 안 그래? 장사할 소질 있으면 장사를 하고 공부할 소질이 있으면 공부를 하라 그거야. 부모가 이래라 저래라 참견하고 관리할 성질의 것이 아니야.

난 핸드폰도 없어. 하지만 아무 불편 없이 살아. 어디 매이는 건 정말 싫거든. 필요할 때 연락하면 되잖아. 핸드폰은 쓸데없는 전화도 많이 오거든. 내 인생 살기도 바쁜데 그런 연락까지 받는 건 시간 낭비야.

나무는 각자 자기 나름대로 살지. 키가 큰 나무가 있기도 하고 작은 나무가 있기도 하고, 뾰족한 나무가 있으면 뭉툭한 나무가 있고. 나무처럼 사람들도 저마다 자기 생긴 대로 살면 돼.

　내 스스로가 깜짝깜짝 놀랄 때가 있어.
　노을이 지는 하늘을 바라볼 때, 굽이굽이 고개를 넘어갈 때……. 자연의 모습을 보면 정말 뭐라 말할 수 없이 가슴이 떨려 와. 가끔 서서 눈물을 흘릴 때가 있어. 세상 사람들은 아무도 모르지.
　한번은 합천에서 일하고 오다가 일부러 강릉, 속초를 들렀다 왔어. 바로 와야 되는데, 거기서 하루 쉬었다 왔지. 설악산을 한번 쓰윽 쳐다보고 왔어. 자연의 모습을 마음껏 느끼다 왔지.

'내 인생 참 멋지다.' 하는 생각을 했어.

지위나 돈이나 그런 것에 욕심이 없으니 참 좋아.

좋아하는 자연을 실컷 볼 수 있으니 인생의 맛이 나는 거야.

내 인생, 한 번도 후회한 적이 없어.

내 직업은 종교요, 철학이요, 취미야. 대한민국에 이런 사람이 몇이나 있겠어.

참, 멋진 인생을 살았어.

나무도 생물

　지구에서 살아가는 생물들을 크게 나누자면, 다섯 가지(계)로 나눌 수 있어. 나무는 이 가운데 식물(계)에 해당되지. 물론 나무가 넓게는 식물계에 해당하지만, 여러 기준에 따라 다양하게 나뉘어.

　나무는 저마다 모양이나 빛깔이 다르고 피는 꽃이나 맺는 열매도 다르지. 사는 모습도 다르고. 모든 나무에는 뿌리와 줄기와 잎이 있어.

　나무는 그 자체가 생명이기도 하지만, 나무에는 수많은 생명들이 깃들어 살기도 해. 가지에 둥지를 틀고 살거나 줄기에 구멍을 뚫어 둥지를 짓는 새가 찾아오고, 열매나 나뭇잎를 먹기 위해 동물이나 벌레가 찾아오지. 또 줄기 안에서 곤충의 애벌레가 살고 있기도 해.

　이렇게 나무는 다른 생명들이 살고 먹을 수 있는 자리를 내주는 대신에 나무를 찾아오는 생명들을 이용해서 씨앗을 널리 퍼뜨리기도 하는 거야.

나무와 풀은 어떻게 다를까?

〈풀〉
- 겨울을 맞으면 땅위줄기가 죽는다.
- 겨울에 죽기 때문에 지속 성장을 하지 못하고 부피 생장(비대 생장)을 하지 못한다.
- 부피 생장을 하지 못하므로 나이테가 없다.

〈나무〉
- 겨울에도 땅위줄기가 살아 있다.
- 지속 성장을 하며 부피 생장을 한다.
- 부피 생장을 하기 때문에 나이테가 있다.

풀과 나무는 둘 다 같은 식물이지만 달라.

나무는 위로도 쑥쑥 자라고 옆으로도 자라. 또 한두 해만 사는 게 아니라 여러 해를 살지. 어떤 나무는 몇 백 년을 살기도 해. 풀은 대개 한두 해 정도밖에 살지 못하기에 위로나 옆으로도 잠깐 자라다 말아. 이건 부름켜(형성층)라고 하는 게 나무에는 있지만 풀에는 거의 없기 때문이야.

그래도 이처럼 나무와 풀을 뚜렷하게 구분하기 힘든 경우도 있어. 나무 같기도 하고 풀 같기도 한 식물이 있기도 하고, 일 년 내내 따뜻한 지역에서는 나무에 나이테가 없기도 하거든.

나무의 생김새와 하는 일

나무들은 모두 뿌리와 줄기와 잎이 있다고 했어. 그렇다면 나무를 이루는 잎, 줄기, 뿌리는 어떤 일을 하는 걸까?

 잎

잎은 햇빛을 에너지로 이용하여 호흡하면서 뿌리에서 줄기를 거쳐 올라온 물과 양분 등을 포도당으로 바꿔 주는 일을 해. 이를 광합성 작용이라고 하지. 나무의 잎은 이산화탄소를 마시고 산소를 내뱉으면서 포도당을 만들어 내는 거야. 살아가는 데 산소가 꼭 필요한 사람에게는 아주 중요한 일을 하는 셈이지.

 줄기

줄기는 나무가 서 있도록 지탱해 주는 일을 해. 또 줄기에는 관이 있어서 뿌리와 잎을 연결하며 물을 비롯해 영양분을 옮기는 일을 하지. 풀과는 다르게 나무의 줄기는 자라면서 부피도 함께 커져. 바깥쪽으로 굵어진다는 뜻이야. 줄기에 부름켜(형성층)가 있어서 줄기가 자라면서 부피도 함께 커져. 그래서 나이테도 생기는 거야.

 뿌리

　뿌리가 하는 일은 크게 세 가지가 있어. 우선, 나무가 쓰러지지 않게 지탱해 주는 일이야. 둘째로는, 물과 양분을 흡수하지. 그리고 나무에 필요한 양분을 저장하는 일도 해.

　뿌리 중에서 땅속 20센티미터 정도 깊이에 있는 뿌리들이 호흡을 하고 영양분을 흡수하지. 그러니 뿌리 부분과 가까운 밑동 쪽에 흙을 너무 많이 덮으면 뿌리는 숨을 쉴 수 없고, 영양분을 흡수하기도 어려워서 썩게 되는 수도 있어.

아하! 나무도 아니고 풀도 아닌, 대나무?

　대나무는 이름에 '나무'가 붙긴 하지만, 나무도 아니고 풀도 아니라고 해.

　대나무 줄기는 몇 십 년을 살기 때문에 나무에 가깝지만, 나무의 가장 큰 특징이라 할 수 있는 나이테가 없거든. 그렇다고 풀이라고 할 수도 없어. 풀은 꽃을 피우고 열매를 맺은 뒤에는 대개 땅위줄기가 시들어 죽는 게 특징이야. 그런데 대나무는 여러 해 동안 잎과 줄기가 살아 있어. 그러니 대나무를 나무도 아니고 풀도 아니다고 하는 거지.

낱말로 살펴본 나무

 잎차례

식물의 줄기와 가지에 잎이 달리는 순서와 그 모양을 '잎차례'라고 해. 잎은 줄기의 둘레에 규칙 있게 배열되는데, 그 종류는 아주 다양해. 그래도 크게 네 가지 정도로 나눠 볼 수 있어. 한 마디에 잎이 두 개씩 나면 '마주나기', 한 마디에 잎이 한 개씩 나면 '어긋나기', 잎이 한 군데에 모여 나면 '모여나기' 그리고 잎이 3장 이상씩 한 마디에 돌려붙은 '돌려나기'가 있지.

마주나기는 잎이 각 마디마다 2장씩 마주 붙어 나는 경우로, 아까시나무, 단풍나무, 백당나무 등 많은 식물의 잎차례가 여기에 속해.

어긋나기는 1개의 마디에 잎 1장씩이 발자국처럼 어긋나게 붙는 경우를 말해. 감나무, 무궁화나무, 장미, 벚나무 등에서 찾아볼 수 있지.

모여나기는 은행나무처럼 잎이 한 군데에서 모여 나는 경우를 말해.

또 잎이 3장 이상씩 마디 한 개에 돌려붙은 잎차례를 돌려나기라고 하는데, 노간주나무나 금송 같은 나무에서 찾아볼 수 있지.

마주나기 　　　　어긋나기 　　　　모여나기

 부름켜와 나이테

　나무 줄기에는 물과 영양분이 오가는 관이 있는데, 이 관들 사이에서 끊임없이 세포 분열이 일어나. 이 세포 분열이 일어나는 곳을 부름켜(형성층)라고 하지. 끊임없는 세포 분열로 부름켜(형성층) 안팎에서 새로운 물과 영양분이 오가는 관(물관, 체관)이 자꾸 생겨나. 따라서 나무는 키가 자라면서 부피도 커지는 거야.

　부름켜에서 일어나는 세포 분열은 봄 여름에 활발하고, 가을 겨울에는 거의 일어나지 않아. 이처럼 세포 분열의 차이 때문에 해마다 나이테가 생기게 돼. 우리는 나이테를 살펴보면서 나무의 나이뿐만 아니라, 언제 가뭄이 들었고 산불이 났는지 또는 곤충이 언제 침입했는지 등을 알 수 있어.

 세금 내는 나무도 있대

세금을 내는 부자 나무 '석송령'
경상북도 예천군 감천면 천향리 석평마을에 있는 소나무, '석송령'이 그 주인공이야.
1930년쯤 이 마을에 사는 이수목이라는 사람이 살았대. 그는 아주 큰 부자였지만, 재산을 물려줄 자식이 없었지. 그래서 이 나무에 재산을 물려주었다고 해.

나무도 아프면 의사가 필요해

나무도 병이 들 때가 있어. 병이 들면 뿌리, 줄기, 잎이 제 역할을 할 수 없게 돼. 결국 뿌리나 줄기가 썩거나 잎이 마르거나 색깔이 바뀌면서 죽어 가는 거야. 나무에 대해 잘 모르는 보통 사람들은 나무를 보고 병이 들었는지 안 들었는지 쉽게 알지 못해. 그래서 나무 의사가 필요한 거야.

나무를 치료할 때도 사람처럼 소아과, 산부인과, 외과, 내과 치료가 있어.

조그만 풀이나 어린 나무 묘목 등을 치료하는 소아과가 있어. 그리고 품종 개량을 위해 나무를 접붙여서 묘목을 만들고 꽃을 피우는 일은 산부인과 치료와 비슷하지. 썩거나 벌레 먹은 부분을 잘라 내고 새 껍질을 덮어 주는 일은 외과 치료라 할 수 있고, 뿌리나 잎사귀에 옮긴 병을 치료하고 새살을 돋게 하는 것은 내과 치료인 셈이야. 다만 사람을 치료하는 병원은 분야마다 전문 의사가 있지만, 나무는 의사 한 사람이 모든 분야 치료를 다 한다는 점만 다를 뿐이야.

나무는 왜 병에 걸리는 걸까?

사람도 그렇듯이 나무가 병에 걸리는 데에는 다 원인이 있어. 그런데 나무가 병에 걸렸는지 안 걸렸는지 어떻게 알아볼 수 있을까? 정확한 원인을 알아내는 일은 나무 의사가 할 수 있겠지만, 우리 눈으로도 나무가 병에 걸렸는지 정도는 알아볼 수 있어.

청진기가 아니라 관심을 갖고 나무를 살펴보면 돼. 나뭇잎을 잘 살펴보는 거야. 해뜨기 전 무렵까지 나무의 끝 잎이 시들시들하면 나무가 아픈 거라고 거의 확신할 수 있어. 나무는 뿌리나 줄기에 이상이 생기면 가지 끝에 있는 잎들이 아프다는 신호를 보내는 거야.

잊지 마. 해뜨기 전, 가지 끝 나뭇잎을 살펴보기!

내 직업은 종교요, 철학이요, 취미야

나무를 치료해 오면서 강전유 할아버지는 나무와 같은 삶을 동경하게 되었어. 또한 나무 병원에서 함께 일하던 후배들을 위해 전국 곳곳에 나무 병원을 차릴 수 있게 도와주고, 나무 병원마저 후배들에게 물려주고 있지.

강전유 할아버지에게 나무 의사는 직업이기도 할 뿐만 아니라 종교나 철학 같은 것이고, 취미이기도 하대. 정말 내가 좋아하는 일을 직업으로 삼고 살아왔으니 더없이 행복한 삶을 사신 셈이지.

우리나라 최초의 나무 의사 강전유 할아버지(2013년)

그래서 우리 친구들에게 이런 말을 해 주고 싶대. 지위나 돈을 보고 미래를 설계하지 말고, 내가 정말 하고 싶은 일을 하며 살 수 있는 삶을 추구하라고 말이야.

임업연구원 근무 시절 약제 살포 시험 중인 강전유 할아버지(1970년대)

강전유 할아버지의 연구실에는 늘 병에 걸린 나뭇가지들과 현미경을 비롯해 나무를 치료하는 여러 도구들이 널려 있다.

강전유 할아버지가 치료한 나무들

● 충북 보은 '정이품송'

'정이품'이라는 벼슬을 받은 소나무야. 강전유 할아버지가 16년 이상을 치료해 온 나무이며, 치료비가 가장 많이 들어간 소나무이기도 하지.

아름답고 우아했던 '정이품' 소나무가 지금은 많이 약해져서 안타까운 모습을 하고 있어.

◀ 정이품송(1965년)

▶ 병들고 부러진 곳을 치료받은 뒤 모습 (2005년)

● 경북 예천 '석송령'

주인으로부터 재산을 물려받아, 그 재산으로 장학금을 주기도 하는 소나무야. 높이 10미터에 둘레는 4.2미터이지만, 석송령이 가지를 뻗어 차지하는 범위는 아주 넓어. 동서로 32미터에 남북으로 22미터에 이르지.

▲ 아주 건강했을 때의 석송령(1997년)

● 전남 순천 '쌍향수'

　보조국사와 담당국사가 중국에서 돌아오면서 짚고 오던 지팡이를 꽂은 게 나무가 되었다는 전설이 있는 향나무야. '쌍향수'는 줄기가 실타래처럼 꼬여 있어서 특이한 모습을 띠고 있어. 이 쌍향수를 치료하기 위해 강전유 할아버지는 보름 동안 날마다 목욕재계를 하기도 하였어.

▲ 외과 수술을 받고 난 쌍향수 모습(1991년)

● 경기 양평 '용문사 은행나무'

우리나라에서 가장 키가 크고 동양에서 가장 나이가 많은 용문사 은행나무야. 키가 이렇게 크다 보니 쉽게 치료할 수가 없어서, 큰돈을 들여 비계(높은 곳에서 공사를 할 수 있게 임시로 설치한 시설)를 설치하기도 했다고 해.

▲ 용문사 은행나무

▲ 60미터가 넘는 은행나무를 치료하기 위해 비계를 설치한 모습(1991년)

● 경주 '독락당의 중국주엽나무'

희귀한 나무로 천연기념물이기도 하고, 강전유 할아버지가 나무종합병원을 열고 나서 처음으로 외과 수술을 하게 된 나무이기도 하지. 첫 수술 대상 치고는 너무 상태가 안 좋아서 걱정이었지. 문을 연 지 얼마 되지 않은 나무종합병원이 망하느냐 널리 알려지느냐 하는 갈림길에서 만난 나무인 셈이지.

▲ 중국주엽나무를 진단하고 있는 나무 의사 강전유 할아버지(1978년)

▶ 습기를 막기 위해 석회를 뿌리는 모습(1978년)

▲ 썩은 곳을 도려낸 자리를 석회 혼합물로 채우는 모습(1978년)

나무도 숨을 쉬게 해 주세요

나무는 잎뿐만 아니라 뿌리도 숨을 쉬어야 해. 그래서 나무 둘레에 흙을 너무 높게 쌓으면 오래가지 않아서 나무는 병들게 되지. 아래 사진처럼 밑둥에 흙이나 시멘트 등이 너무 높게 쌓여 있어서 나무가 병이 들었어. 그래서 나무 병원에서는 흙 높이를 낮춰주거나 숨 쉴 구멍을 만들어 주기도 하지.

나무도 숨을 쉬어야 해. 특히 밑기둥과 뿌리 쪽에 이렇게 높이 흙이나 시멘트를 쌓아 두게 되면 나무는 결국 병이 들고 말지.

높이 쌓아 둔 흙 속에서 나무는 이렇게 썩어 가는 거야.
그래서 알맞게 흙을 덮는 것도 참 중요해.

공원이나 인도처럼 시멘트로 포장된 곳에 나무를 심을 때는
이렇게 숨을 쉴 수 있는 시설을 갖춰야 나무가 썩지 않고 숨을 쉬면서 잘 자랄 수 있어.

나무 줄기 외과 수술 순서

1 죽은 가지, 쇠약해진 가지 잘라 내기

2 썩은 부분 도려내기

말라죽은 껍질과 나무 속 구멍의 썩은 부분 도려내 준다.

3 도려낸 곳 살균 처리하기

썩은 부분을 도려내거나 긁어냈어도 균사나 홀씨가 남아 있을 수 있기에 알코올 등으로 하는 살균 처리를 해 준다.

4 살충 처리하기

큰 나무일수록 안에 큰 구멍(공동)이 생기며, 이곳에는 많은 벌레들이 살 수 있다.
구멍의 썩은 부분을 도려내다 보면 벌레들이 사는 구멍이 나온다.
벌레들을 없애지 않으면 나무에 다시 구멍이 생겨 빗물이나 균이 들어와 다시 썩을 수 있다.

5 방부 처리

나무에 생긴 구멍이나 껍질이 말라 죽은 곳은 습기가 많은 편이어서 썩을 위험이 높다.
그래서 건조시킨 다음에 습기가 차지 않도록 하고 썩지 않게 해 줘야 한다.

6 방수 처리

썩거나 상처로 생긴 구멍이나 틈으로 빗물이 스며들면 썩을 수 있다.
그래서 이런 곳은 빗물이 스며들지 못하게 해 줘야 한다.

7 공동 충전

공동에 이런 처리가 끝나면 빈 공간을 메워 줘야 한다. 구멍을 메워 주는 방법은 크기나 위치 등에 따라 다를 수 있다. 시멘트나 목재, 고무 밀랍, 흙 등으로 채우기도 한다. 하지만 이런 방법은 쉽게 빗물이 스며들어 다시 썩을 위험이 높다.
그래서 요즘에는 수지를 만들어서 사용하고 있다. 수지는 원래 나무진과 같은 천연수지가 있고, 인공으로 만든 합성수지가 있다.

8 인공 나무껍질

공동을 메우는 데 쓰인 수지는 그대로 두면 햇빛을 바로 받아 갈라지거나 변질이 되고 빗물이 스며들 수 있다. 그래서 여기에 다시 방수 처리를 하고, 햇빛을 막아 줄 나무껍질을 만들어 줄 필요가 있다. 인공 나무껍질도 햇빛을 오래 받거나 빗물이 스며들 수 있기 때문에 방수 처리도 하고, 약품을 발라 주는 게 좋다.

9 표피 성형 처리

인공 나무껍질은 아무래도 진짜 나무껍질과 느낌이나 모양이 다를 수밖에 없다. 그래서 실제 나무껍질과 비슷하게 성형 수술을 하는 것을 말한다.

표피 성형 처리 전   표피 성형 처리 후

10 수술 완료